lonely planet

DUBAÏ

EN QUELQUES JOURS

Andrea Schulte-Peevers, Kevin Raub

Sommaire

Préparer son séjour

Gosht awadhi biryani (riz à l'agneau, au safran et aux fruits secs) KERTU/SHUTTERSTOCK ©

Explorer Dubaï 29

Comme un Dubaïote

Vaut le détour

Carnet pratique 145

Coups de projecteur

Bienvenue à Dubaï

Dubaï se prépare à accueillir l'Exposition universelle de 2020, mais, pour les voyageurs avisés, ce petit émirat dynamique est depuis longtemps une destination de choix pour ses bons restaurants, ses attractions uniques, ses boutiques, ses galeries d'art et la proximité du désert. Que vous soyez en quête de simplicité ou de luxe futuriste, vous trouverez votre bonheur dans cette cité débordant d'énergie, d'optimisme et d'ouverture d'esprit.

Dubai Marina (p. 123)

Les incontournables

Burj Khalifa

Cette merveille architecturale est la plus haute construction du monde. p. 104

LUCIANO MORTULA - LGM/SHUTTERSTOCK ©

IRYNA RASKO/SHUTTERSTOCK ©

Quartier historique d'Al-Fahidi

Sur les traces du vieux Dubaï. **p. 52**

LONELY PLANET/GETTY IMAGES ©

Dubai Museum

Un concentré d'histoire dubaïote. **p. 50**

PURESOLUTION/SHUTTERSTOCK ©

Burj al-Arab

Figure de proue du Dubaï moderne. **p. 88**

Souk de l'or

La "ville de l'or". **p. 32**

MELIS/SHUTTERSTOCK ©

BUENA VISTA IMAGES/GETTY IMAGES ©

Dubai Mall

Le plus grand centre commercial au monde. **p. 106**

Madinat Jumeirah

Un village arabe traditionnel version XXIe siècle. **p. 86**

R.A.R. DE BRUIJN HOLDING BV/SHUTTERSTOCK ©

BOULE/SHUTTERSTOCK ©

Abu Dhabi

Capitale émiratie de l'art et de la culture. **p. 142**

Se restaurer

Dubaï offre une expérience culinaire incroyablement variée et multiculturelle. Entre échoppes de rue et tables de luxe, les cuisines indienne et arabe dominent – et de loin –, mais l'on trouve de tout, du kebab au fish and chips britannique.

De la fourche à la fourchette

Si le locavorisme n'est pas propre à Dubaï, le phénomène y connaît un essor considérable et la demande en produits locaux certifiés bio ne cesse de croître. En conséquence, les fermes se développent dans les Émirats et des marchés de producteurs apparaissent à travers le pays. Même les supermarchés se sont joints au mouvement, mettant en avant l'origine de leurs produits.

Cuisine émiratie

Les restaurants de cuisine émiratie étaient plutôt rares, mais la tendance est en train de s'inverser. Parmi les plats typiques, on peut citer les ragoûts associant céréales, légumes et viande ou poisson, agrémentés d'épices et de fruits secs.

Lait de chamelle

Connus des Bédouins depuis des siècles, les bienfaits du lait de chamelle sur la santé ont attiré l'attention internationale. Légèrement âcre et salé, il est moins gras et plus riche en vitamines que le lait de vache. Par ailleurs, bien qu'il ne s'agisse pas d'un aliment traditionnel émirati, les restaurants se sont mis à proposer des plats de viande de chameau.

Repas à petits prix

Ravi (p. 78). Les tables vides sont rares à la terrasse de ce modeste temple du curry.

Al-Ustad Special Kabab (p. 62). Cheikhs et cireurs de chaussures se côtoient volontiers dans ce sympathique kebab iranien.

Al-Tawasol (p. 41). Offrez-vous un festin yéménite à la manière des Bédouins, assis par terre et sans couverts.

JOSHUA GM/SHUTTERSTOCK ©

Cuisine émiratie

Logma (p. 77). Café sans prétention proposant une cuisine émiratie moderne.

Aseelah (p. 41). Alliance réussie entre tradition et modernité, tant dans l'assiette que dans la salle.

Al-Fanar (p. 80). Ce restaurant traditionnel est une ode au patrimoine culinaire émirati.

Saveurs du Moyen-Orient

Qwaider al-Nabulsi (p. 42). Des falafels et un *kenafeh* (photo ci-dessus ; vermicelles baignés dans un sirop) parmi les meilleurs de la ville.

Zaroob (p. 112). Des classiques de cuisine de rue libanaise dans un cadre urbain branché.

Saveurs indiennes

Indego by Vineet (p. 133). Le chef étoilé Vineet Bhatia séduit par ses interprétations modernes de classiques indiens.

Eric's (p. 62). Voyage culinaire à Goa dans un beau restaurant de quartier.

Sind Punjab (p. 62). Pour des curries à petits prix dans une institution de la ville.

Cuisine végétarienne

Saravana Bhavan (p. 63). Si le cadre est quelconque, la carte indienne végétarienne est extraordinaire.

Govinda's (p. 64). Une cuisine sattvique, non seulement sans viande mais aussi sans huile, ni ail, ni oignons.

À savoir

Pour le week-end (brunch du vendredi inclus), les meilleures tables se réservent au moins une semaine à l'avance. Seuls les établissements indépendants et restaurants d'hôtel avec licence peuvent servir de l'alcool.

Prendre un verre

Si Dubaï est réputée pour ses clubs chics, des lieux alternatifs plus discrets s'y développent. La vie nocturne bat son plein le week-end (jeudi et vendredi), lorsque les fêtards prennent d'assaut les bars et leurs pistes de danse. Seuls les hôtels et certains établissements avec licence servent de l'alcool.

Bars et pubs

Les lounges de plage et les bars sur les toits sont très prisés des touristes. Les bars et pubs de Bur Dubai et de Deira sont plus underground. Notez que la prostitution est tolérée dans nombre d'établissements, bien qu'officiellement illégale.

Narguilé et cocktails sans alcool

La plupart des Émiratis ne boivent pas d'alcool, préférant se retrouver autour d'un café, d'un jus de fruits ou d'un cocktail sans alcool. Joignez-vous à eux dans un café à chicha et adonnez-vous à ce plaisir typiquement moyen-oriental.

Happy hour et Ladies' Nights

Profitez de la *happy hour*, proposée dans la plupart des bars. Les *Ladies' Nigths*, soirées réservées aux femmes, séduisent les clientes à grands renforts de cocktails, de mousseux et d'en-cas gratuits, offerts en particulier les mardis et mercredis soir.

En bord de mer

Jetty Lounge (p. 136). Sirotez des mélanges innovants calé dans un fauteuil moelleux à souhait.

Bliss Lounge (p. 137). Parmi les meilleurs cocktails de la ville, dans la Dubai Marina.

Zero Gravity (p. 134). Club de plage animé, avec bar et restaurant.

En terrasse

Siddharta Lounge (p. 137). Un sublime lounge à cocktails au bord d'une piscine, avec vue sur l'étincelante Dubai Marina.

40 Kong (p. 118). Dans ce somptueux bar extérieur, les grands pontes font tomber la cravate en même temps que leurs inhibitions.

RUS S/SHUTTERSTOCK ©

Treehouse (p. 117). Cocktails devant le Burj Khalifa, dans le confort d'un salon extérieur chic.

Happy hours et Ladies' Nights

Pure Sky Lounge (p. 137). Les couchers de soleil sur le Golfe se marient à la perfection avec les boissons à moitié prix (17h à 19h tlj).

Bahri Bar (p. 98). Trois verres de mousseux gratuits dans ce bar donnant sur le Burj al-Arab.

Lucky Voice (p. 135). Deux verres pour le prix d'un tous les jours de 16h à 20h.

Barasti (p. 135). Ce club de plage offre 30% de réduction tous les jours et des cocktails pétillants à volonté pour les femmes le mardi.

Pubs

Irish Village (p. 44). Cette institution locale (photo ci-dessus) a toujours autant de succès après près de 20 ans d'activité.

Fibber Magee's (p. 118). Ce pub un peu vieillot et aux clients fidèles dégage un charme sûr.

George & Dragon (p. 65). Un pub, un vrai, pour les purs et durs.

Narguilés, boissons sans alcool

Reem al-Bawadi (p. 125). Un cadre propice à la détente et à la rêverie, à Dubai Marina.

QDs (p. 44). Tirez de langoureuses bouffées de votre narguilé en contemplant le scintillement du Creek et des gratte-ciel.

À savoir

Conduire en état d'ébriété est puni d'une amende, voire d'une peine de prison. Depuis 2016, les bars de Dubaï restent ouverts – et servent de l'alcool – pendant le Ramadan. La plupart des clubs sont en revanche fermés durant cette période.

Shopping

Le shopping est un des passe-temps favoris à Dubaï. La ville dispose non-seulement des plus grands centres commerciaux au monde – et des plus originaux –, mais aussi d'un nombre croissant de malls extérieurs urbains, de boutiques et de galeries indépendantes. Les souks offrent une ambiance plus traditionnelle.

Tendances

Les *malls* extérieurs urbains, comme BoxPark à Jumeirah et City Walk près de Downtown Dubai, sont articulés en un petit groupement de magasins de qualité, triés sur le volet. La ville compte aussi de plus en plus de boutiques de mode indépendantes et des marchés aux puces animés.

B. A.-BA du marchandage

Les prix dans les *malls* et la plupart des magasins sont fixes. En revanche, dans les souks et sur les marchés, le marchandage est de mise. La règle de base veut que l'on divise par deux le prix annoncé et que l'on entame les négociations à partir de là. En principe, vous obtiendrez 20 à 30% de rabais. Si vous comptez acheter plus d'un article, n'hésitez pas à mettre cet argument en avant pour le faire peser dans la négociation. Pour plus d'informations, voir *Marchandage mode d'emploi* (p. 47).

Acheter des tapis

Dans la région, Dubaï a la réputation de proposer les meilleurs tapis aux meilleurs prix. On trouve un peu partout des tapis persans d'excellente facture, des kilims turcs et kurdes colorés et des tapis bédouins aux mailles serrées. Le marchandage est de rigueur. Si vous achetez un tapis, demandez un certificat d'authentification délivré par la Chambre de commerce et d'industrie de Dubaï.

ANASTASIOS71/SHUTTERSTOCK ©

Malls

Dubai Mall (p. 106). Le plus grand centre commercial du monde.

Mall of the Emirates (p. 100). Mille tentations dans cet immense *mall* connu pour sa piste de ski.

BoxPark (p. 82). Une artère bordée de conteneurs abritant cafés branchés et boutiques éclectiques.

Marchés

Ripe Market (p. 67). Un marché branché du Za'abeel Park, avec fruits et légumes locaux de qualité, artisanat et cuisine internationale.

Dubai Flea Market (p. 67). Les bonnes affaires ne manquent pas sur ce marché mensuel, dans le beau Za'abeel Park.

Boutiques de mode indépendantes

S*uce (p. 82). Un *concept store* mettant à l'honneur vêtements, bijoux et accessoires de créateurs régionaux.

O-Concept (p. 83). Cette boutique avant-gardiste de Jumeirah offre une élégante occasion de regarnir sa garde-robe à petits prix.

Souks modernes

Souk Al-Bahar (p. 121). En face du Dubai Mall, ce souk au riche décor oriental recèle de nombreux restaurants et magasins de souvenirs.

Souk Madinat Jumeirah (p. 87). Un souk touristique harmonieusement parsemé de cours, de passages et d'espaces extérieurs.

Cadeaux et souvenirs

Bateel (p. 68). Les délicieuses dattes sont présentées comme de précieux bijoux dans cette jolie boutique.

Mirzam (p. 91). Des plaques de chocolat produites à partir de fèves d'origine unique et vendues dans de magnifiques emballages.

Jalabiyat Yasmine (p. 100). Fabuleux choix de pashminas de qualité, dont de magnifiques pièces brodées à la main.

Avec des enfants

Visiter Dubaï en famille ? Un jeu d'enfant. Entre les parcs aquatiques, les aires de jeux, les parcs à thème et autres centres de loisirs, petits et grands trouveront leur compte. La plupart des complexes balnéaires disposent de clubs enfants ; l'occasion de profiter du soleil et de la plage à votre propre rythme.

À table !

Si les enfants sont les bienvenus presque partout, sans doute serez-vous plus à l'aise dans des restaurants moins formels. Tous les centres commerciaux comprennent un vaste espace restauration et les hôtels ont au moins un restaurant adapté aux familles. Le BookMunch Cafe (p. 98) est un bon exemple en la matière.

Parcs et aires de jeux

Dubaï possède plusieurs parcs avec aires de pique-nique et aires de jeux pour enfants (déconseillées cependant pendant les chaleurs de juillet et août). Le plus grand et le plus riche en activités est le Za'abeel Park (photo ci-contre ; p. 60), où s'élève le nouveau Dubai Frame (p. 59).

Et les ados ?

Si vos ados s'ennuient toujours après avoir dévalé les pistes de ski, dansé sur la glace de la patinoire, barboté dans les parcs aquatiques et fait les magasins, emmenez-les dans le désert pour un safari, une promenade à dos de chameau, une virée en sandboard, ou bien aux monts Hajar pour un trek dans la nature.

Parcs aquatiques

Aquaventure Waterpark (p. 128). L'un des plus grands parcs aquatiques du monde, plein d'attractions à sensations fortes.

Wild Wadi Waterpark (p. 95). Destination prisée des familles, aussi bien pour ses piscines tranquilles que ses attractions trépidantes.

Parcs d'attractions

IMG Worlds of Adventure Dinosaures, superhéros et personnages de dessins animés peuplent le plus grand parc d'attractions intérieur de

PELIKH ALEXEY/SHUTTERSTOCK ©

la planète. (www.imgworlds.com ; adulte/enfant entre 1,05 et 1,2 m 245/225 AED, gratuit pour les enfants de moins de 1,05 m)

Motiongate Les attractions de ce parc avec espaces intérieur et extérieur sont inspirées notamment de *SOS Fantômes*, *Shrek* et *Hunger Games*. (www.motiongatedubai.com ; adulte/enfant 330/280 AED)

Hub Zero (p. 75). Les mordus de jeux ne jurent que par ce parc d'attractions intérieur équipé de casques de réalité virtuelle, de simulateurs de course et de laser games.

Animaux

Dubai Aquarium & Underwater Zoo (p. 107). Les requins, les mérous et les raies de ce gigantesque aquarium sur 3 étages, dans le Dubai Mall, ont tout pour fasciner les enfants.

Lost Chambers Aquarium (p. 129). Un labyrinthe de bassins et de tunnels sous-marins peuplés de créatures marines exotiques.

Green Planet (p. 75). Une forêt tropicale humide en plein désert, qui héberge oiseaux, grenouilles, lézards, papillons, tortues et autres animaux.

Sports d'hiver

Dubai Ice Rink (p. 110). Des tout-petits aux ados, tout le monde s'amuse en exécutant des pirouettes ou en dansant sur du disco à la patinoire du Dubai Mall.

Ski Dubai (p. 95). Pentes de ski, toboggans et rencontres avec des manchots sont au programme dans cet immense parc couvert.

À savoir

De nombreux hôtels proposent des clubs enfants. Pour du baby-sitting, demandez un contact à votre hôtel ou allez sur www.dubaimetromaids.com et www.maidszone.com. Notez que les transports publics sont gratuits pour les moins de 5 ans.

Faire la fête

Des DJ se produisent chaque soir, mais c'est les jeudis et vendredis que les grands noms se mettent aux platines. Nombre de clubs de plage ouvrent dès midi le week-end pendant les mois les plus frais. Le répertoire musical est éclectique – funk, soul, trip-hop, hip-hop, musique africaine, arabe ou latino –, avec néanmoins une nette préférence pour la house, la tech et l'électro.

Pointures internationales

Les grands DJ comme Ellen Allien, Carl Craig, Steve Aoki, Russ Yallop, Roger Sanchez et Ben Klock viennent parfois, le temps d'un week-end, mettre les foules en transe dans les salles de concert et lors d'énormes festivals, comme Groove on the Grass et Party in the Park. Mais les talents locaux ne manquent pas non plus. La liste est en perpétuel mouvement, mais Jixo & Danz, KayteK, Siamak Amidi, Hoolz, Scott Forshaw, Ron E Jazz et Josephine De Retour font partie des noms à retenir.

La fête bat son plein

Certaines des meilleures soirées sont organisées par les labels, les producteurs ou les agences événementielles comme Audio Tonic (house progressive), Plus Minus (*deep house* et techno), Analog Room (techno-électro underground), Stereo Club (électro), Globalfunk (*drum and bass*), Superheroes (house, *drum and bass*), Bassworx (*drum and bass*) et Bad House Party (punk indé éclectique).

DJ pour tous les goûts

Cirque Le Soir (p. 117). Un club extravagant sur le thème du cirque, théâtre de soirées débridées.

White Dubai (p. 120). Mégaclub aux jeux de lumière étourdissants, au-dessus de l'hippodrome de Meydan.

Base (p. 117). Un club géant du Dubai Design District, à la pointe de la modernité.

DARYL VISSCHER/GETTY IMAGES ©

Fêtes en plein air

Barasti (p. 135). Quelle que soit l'heure, il fait bon faire la fête dans ce "village festif" sur le sable.

Zero Gravity (p. 134). Club de plage animé, avec bar et restaurant.

White Dubai (p. 120). Importation beyrouthine au-dessus de l'hippodrome de Meydan, fréquentée par le beau monde.

Rythmes underground

Industrial Avenue (p. 136). Club caché de style industriel avec graffs et électro alternative.

Casa Latina (p. 99). Bar à thème cubain sans prétention, antre de soirées trépidantes.

Ambiance glamour

Club Boudoir (p. 81). Salle élégante où les "*beautiful people*" dansent sur des musiques variées, du hip-hop au *desi* de Bollywood.

Cavalli Club (p. 117). Un club clinquant où l'on vient danser et paraître. Mesdames, à vos talons hauts !

Cirque Le Soir (p. 117). Acrobates, jongleurs et clowns font de ce club de style cabaret une adresse très en vogue.

À savoir

Tenez-vous au courant de l'actualité des clubs grâce au magazine hebdomadaire gratuit *Hype*, disponible dans les bars, les boutiques, les clubs de gym et les spas. En ligne, consultez les applications iTunes et Magzter (www.magzter.com).

Art

Nourrie du travail d'artistes du monde entier, la scène artistique dubaïote est devenue l'une des plus dynamiques de la région du Golfe. Les amateurs d'art trouveront leur bonheur parmi le nombre toujours croissant de galeries, de collections privées, d'œuvres d'art urbain et de manifestations artistiques réputées.

IMAGE COURTESY ALSERKAL AVENUE ©

Quartiers de galeries

Les galeries sont groupées dans deux secteurs : Alserkal Avenue (photo ci-dessus), espace dédié à l'art underground dans Al-Quoz, et le Gate Village, consacré aux artistes plus établis. Les pionniers du milieu de l'art se concentrent autour du quartier historique d'Al-Fahidi.

Street Art

La scène artistique urbaine a fleuri grâce au projet Dubai Street Museum. De grandes fresques murales rendent hommage à l'histoire des Émirats dans 2nd December St, à Satwa, et de jolies créations bordent le City Walk, à Jumeirah. Le quartier historique d'Al-Fahidi est aussi émaillé de graffs.

Dubai Art Week

Le salon Art Dubai (www.artdubai.ae), rassemblement de près de 100 galeries au Madinat Jumeirah, est au cœur de cette semaine consacrée à l'art. Sont aussi organisés les Design Days Dubai et le Sikka Art Fair (www.sikka.ae), à l'occasion duquel des artistes réalisent des œuvres en direct dans le quartier historique d'Al-Fahidi.

Art du Moyen-Orient

Ayyam Gallery (p. 110). Grande galerie internationale possédant des antennes sur Alserkal Avenue et dans le Gate Village.

The Third Line (p. 91). Représente les grands artistes de la région, sur place et à l'étranger.

Leila Heller Gallery (p. 91). Grands noms et artistes prometteurs.

Gallery Isabelle van den Eynde (p. 91). Promoteurs de jeunes talents locaux et d'artistes plus connus.

Circuits organisés

STEVE LOVEGROVE/SHUTTERSTOCK ©

S'il s'agit de votre premier séjour à Dubaï, une visite guidée pourra être un moyen amusant et efficace de prendre vos repères, voir rapidement les principaux sites d'intérêt et acquérir ainsi une vision globale de la ville. Des circuits touristiques en bus aux visites de mosquées, un bel éventail de possibilités s'offre à vous.

Dubaï en profondeur

Dubaï dispose d'un choix varié de visites guidées. Si vous souhaitez un rapide tour de la ville, optez pour un circuit en bus. Pour une approche plus approfondie, une promenade thématique guidée sera plus adaptée. Le Sheikh Mohammed Centre for Cultural Understanding organise d'excellents circuits permettant de découvrir la culture émiratie. Leurs guides sont les seuls à emmener des non-musulmans dans une mosquée, et conseillent aussi des petits-déjeuners et déjeuners locaux. Les amateurs de bonne chère apprécieront l'immersion dans la cuisine de rue dubaïote proposée par Frying Pan Adventures.

Visites à pied

Quartier historique d'Al-Fahidi (p. 54). À la découverte du passé avec le Sheikh Mohammed Centre for Cultural Understanding.

Frying Pan Adventures (p. 64). Circuits amusants dans le labyrinthe culinaire de Bur Dubai et Deira.

Mosquée de Jumeirah (p. 74). L'unique mosquée de Dubaï (photo ci-dessus) accessible aux non-musulmans ; visites guidées tous les jours sauf le vendredi.

Circuits en bus

Big Bus Dubai (p. 61). Montée et descente à volonté, commentaires en 12 langues et 3 itinéraires parmi les sites d'intérêt.

Wonder Bus Tours (p. 77). Découverte du centre de Dubaï, en circuits de 1 heure par voie terrestre et maritime à bord d'un bus amphibie.

Croisières

Dubai Ferry (p. 66). Minicroisières permettant d'admirer la ville à bon prix.

Al-Mansour Dhow (p. 42). Glissez sur le Creek dans un boutre (*dhow*) tout en profitant d'un buffet dînatoire.

Dubaï en 4 jours

Jour 1

CHUBIS/SHUTTERSTOCK ©

Suivez notre balade **Bur Dubai le long du Creek** (p. 54) à travers les quartiers historiques d'**Al-Fahidi** (p. 52) et de **Shindagha** (p. 59). Embarquez sur le ferry pour rejoindre Deira et ses superbes souks dédiés aux **épices** (p. 38), à l'**or** (p. 35) et aux **parfums** (p. 38), puis prenez le métro à la station Palm Deira.

Faites un saut dans le futur à Downtown Dubai. Gagnez l'immense **Dubai Mall** (p. 106) et ses 1 200 magasins, son **Dubai Aquarium** (p. 107) et sa **patinoire** (p. 110). Au **Burj Khalifa** (p. 104), réservez une ascension au coucher du soleil.

Admirez la **Dubai Fountain** (p. 107) et prenez un taxi pour le Madinat Jumeirah, où vous dînerez au **Pierchic** (p. 96), avant de siroter un dernier verre au **Bahri Bar** (p. 98).

Jour 2

PLAMEN GALABOV/SHUTTERSTOCK ©

Participez à une visite guidée de la **mosquée de Jumeirah** (p. 74), la seule de Dubaï ouverte aux non-musulmans, puis devenez incollable sur la fondation des Émirats arabes unis à l'**Etihad Museum** (p. 74).

Après un déjeuner émirati traditionnel à l'**Al-Fanar** (p. 79), détendez-vous sur le sable à **Kite Beach** (photo ci-dessus ; p. 94) ou à **JBR** (p. 129).

À la *happy hour*, faites passer le goût du sel avec les cocktails du **Bliss Lounge** (p. 137) ou du **Pure Sky Lounge** (p. 137). Pour le dîner, choisissez entre une perspective sur le Golfe à l'**Indego by Vineet** (p. 133) et une vue sur les yachts de la marina à l'**Asia Asia** (p. 141). Terminez la soirée avec classe sur la terrasse du **Siddharta Lounge** (p. 137).

Jour 3

FOKKE BAARSSEN/SHUTTERSTOCK ©

Commencez par un petit-déjeuner sain à l'ultra-tendance **Tom & Serg** (p. 91), avant de faire la tournée des galeries dans l'ensemble d'entrepôts **Alserkal Avenue** (p. 90).

Rendez-vous au **Mall of the Emirates** (p. 100) en taxi pour passer l'après-midi dans la fraîcheur de **Ski Dubai** (photo ci-dessus ; p. 95), ou allez faire quelques longueurs au **Wild Wadi Waterpark** (p. 95). Gagnez le Madinat Jumeirah pour visiter le **souk** (p. 87) et parcourir ses canaux en *abra*.

Réservez une table au **101 Lounge & Bar** (p. 133) pour un dîner avec vue sur les gratte-ciel scintillants. Allez-y en navette gratuite depuis le **One&Only Royal Mirage** (p. 147).

Jour 4

JIANG_LIU/SHUTTERSTOCK ©

À l'occasion d'un authentique safari culturel avec **Platinum Heritage Tours** (p. 130), vous rejoindrez à dos de chameau un camp du désert, le temps d'un petit-déjeunez avec des Bédouins, qui vous présenteront leurs faucons et leurs chiens de chasse. Vous serez de retour en ville vers midi.

Dédiez l'après-midi à **IMG Worlds of Adventure** (p. 16), le plus grand parc de loisirs intérieur du monde, rempli d'attractions palpitantes ; vous ne verrez pas le temps passer.

Pour le dîner, dirigez-vous vers The Walk at JBR pour un délicieux repas italien au **BiCE** (p. 135), avant de finir par une balade le long de **The Beach at JBR** (p. 128), sous les lumières de la grande roue **Ain Dubai** (p. 128).

Les basiques

Pour plus d'informations, voir le Carnet pratique (p. 145)

Monnaie
Dirham des Émirats arabes unis (AED)

Langues
Arabe, anglais, ourdou

Formalités
Un visa de 30 jours est délivré gratuitement à l'arrivée à 49 nationalités, dont tous les pays de l'UE, les États-Unis, le Royaume-Uni, le Canada et l'Australie.

Argent
Les DAB sont légion et les cartes bancaires sont acceptées presque partout.

Téléphones portables
Les portables fonctionnent en GSM900/1800. On trouve facilement des cartes SIM dans les boutiques d'électronique et certaines épiceries.

Heure locale
Dubaï est à l'heure GMT/UTC + 4 heures. Pas de changement d'heure entre l'hiver et l'été.

Budget quotidien

Moins de 600 AED

Hôtel pour petits budgets : 300-400 AED

Repas dans un espace restauration : 20-50 AED

Transports publics : 1-8,50 AED

De 600 à 1 200 AED

Chambre double à l'hôtel : 400–700 AED

Repas de 2 plats sans alcool en restaurant : à partir de 80 AED

Entrées des sites et attractions majeurs : 100-200 AED

Plus de 1 200 AED

Hôtel 4 étoiles : à partir de 800 AED

Repas gastronomique de 3 plats, vin compris : à partir de 400 AED

Boissons dans un bar chic : à partir de 100 AED

À prévoir

Au moins 3 mois avant. Vérifiez la législation sur les visas. Réservez vos billets pour les événements sportifs et de loisir importants.

Un mois avant. Réservez une table dans les grands restaurants, vos billets pour le Burj Khalifa et vos parties de golf. Consultez les sites Internet des salles de concerts pour connaître la programmation durant votre séjour.

Une semaine avant. Vérifiez la température moyenne en journée et emportez le nécessaire.

Arriver à Dubaï

Le métro et le taxi sont pratiques pour rejoindre le centre de Dubaï depuis l'aéroport. Les chauffeurs ne s'orientent pas en fonction du nom des rues mais de points de repère (centres commerciaux, grands hôtels, plages).

Aéroport international de Dubaï

Métro La Red Line (ligne rouge) circule toutes les quelques minutes de 6h à minuit, depuis les terminaux 1 et 3.

Bus Les bus prennent la suite du métro de minuit à 6h.

Taxis La prise en charge est de 25 AED ; comptez 50 AED pour Deira et 80 AED pour Downtown Dubai.

Aéroport international Al-Maktoum

Bus Le bus F55 dessert la station de métro Ibn Battuta, connectée à la Red Line (ligne rouge) du métro de Dubaï.

Taxis Environ 70 AED pour Dubai Marina et 110 AED pour Downtown Dubai.

Comment circuler

Le métro est bon marché, rapide et confortable. Les bus sont répandus mais lents, et leurs horaires sont déroutants.

Avant d'utiliser les transports, achetez une carte rechargeable Nol (www.nol.ae) aux guichets ou aux distributeurs.

Métro

Les lignes Red Line (rouge) et Green Line (verte) relient les principaux sites d'intérêt et quartiers (5h30-minuit sam-mer, jusqu'à 01h jeu-ven, à partir de 10h ven).

Taxi

Climatisés et équipés de compteur, les taxis sont le moyen le plus rapide et confortable de se déplacer en ville, hormis aux heures de pointe. Vous pourrez les arrêter dans la rue, les prendre à une station de taxis ou les réserver par téléphone ou via l'application gratuite Smart Taxi.

Uber et Careem

Vous pourrez utiliser les applications comme Uber (www.uber.com) et Careem (www.careem.com), basée à Dubaï.

Bus

Assez lents, mais propres et pratiques pour des arrêts non desservis par le métro.

Bateau

Les *abras* (bateaux-taxis traditionnels en bois) traversent Dubai Creek entre Deira et Bur Dubai. Le Dubai Ferry dessert deux itinéraires le long du Dubai Canal et entre Bur Dubai et Dubai Marina.

Tramway

Le tramway circule le long de King Salman Bin Abdul Aziz-al Saud St, entre Dubai Media City et Dubai Marina.

Dubaï
Les quartiers

Dubai Marina et Palm Jumeirah (p. 123)
Conçu pour la détente, ce quartier jouit de belles plages, d'hôtels de luxe, d'une marina piétonnière et d'une vie nocturne trépidante.

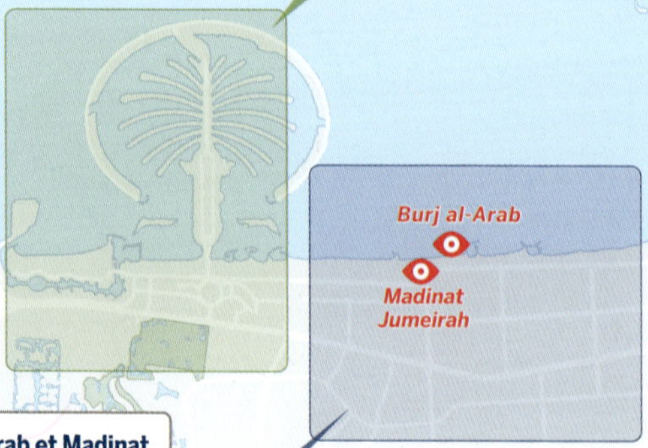

Burj al-Arab et Madinat Jumeirah (p. 85)
Avec l'emblématique Burj al-Arab en toile de fond, ce village moderne bordé de superbes plages ne manque pas de restaurants et boutiques de souvenirs.

Abu Dhabi (p. 142)
La capitale culturelle des Émirats possède un impressionnant éventail de sites d'intérêt, dont la grande mosquée Sheik Zayed et le nouveau Louvre Abu Dhabi.

Jumeirah et environs (p. 71)
Au bord d'une superbe plage, ce quartier résidentiel émaillé de villas luxueuses fera le bonheur des papilles curieuses et des accros du shopping.

Bur Dubai (p. 49)
Au bord du Creek, le centre historique de Dubaï est un concentré d'anciens bâtiments restaurés et de bonnes affaires en tous genres.

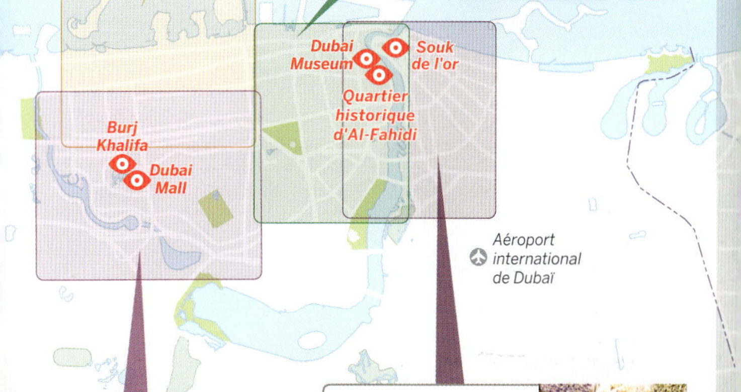

Downtown Dubai (p. 103)
Dominé par le Burj Khalifa, le centre futuriste de la ville a de quoi ravir les amateurs de shopping, les familles, les passionnés d'art et d'architecture.

Deira (p. 31)
Les rues sinueuses de ce quartier charismatique, bondé et chaotique, abritent de nombreux souks pittoresques, sites historiques et excellents restaurants.

Explorer Dubaï

Vaut le détour

Les plus belles balades

Découvrir Dubaï

Balade à dos de dromadaire dans le désert, avec vue sur Dubaï
BUENA VISTA IMAGES/GETTY IMAGES ©

Explorer
Deira

Baigné par l'extrémité nord du Creek, Deira est un des quartiers les plus anciens et les plus évocateurs de Dubaï. Au fil de l'eau, des boutres en bois colorés exercent encore leur commerce entre l'Iran, le Soudan et d'autres horizons. Dans les souks encombrés, on vous invite à discuter autour d'une tasse de thé dans des boutiques tenues depuis des générations.

Dans Al-Ras, le secteur le plus ancien, près de l'embouchure du Creek, se trouvent des maisons de marchands de perles centenaires ainsi que la première école de la ville. L'attrait principal de Deira reste néanmoins ses souks, enchevêtrement pittoresque de ruelles foisonnant de vie, de sons et d'odeurs le matin et en fin d'après-midi.

Deira est aussi le quartier le plus multiculturel de Dubaï, où des immigrés venus du monde entier cohabitent pacifiquement. Les rues sont émaillées de restaurants indiens, syriens, libanais, éthiopiens, irakiens ou afghans. On peut également dîner à bord d'un boutre égayé de décorations ou dans le lounge en plein air d'un hôtel haut de gamme, côté Creek.

Comment y aller et circuler

Les principaux sites d'intérêt de Deira, regroupés autour de l'embouchure du Creek, se visitent facilement à pied.

M La Red Line (ligne rouge) et la Green Line (ligne verte) se croisent à la station Union.

Des *abra* (bateaux-taxis traditionnels en bois) relient Deira à Bur Dubai.

Plan de Deira p. 36

Condiments au souk aux épices (p. 38) FEDOR SELIVANOV/SHUTTERSTOCK ©

Les incontournables

Souk de l'or

Franchissez l'imposante arche surmontée de la formule "Dubai: City of Gold" ("Dubaï : ville de l'or") pour pénétrer dans cette caverne d'Ali Baba des temps modernes. Gorgées d'or, de diamants, de perles, d'argent et de platine, des centaines de boutiques nichent sous les arcades en bois de l'allée centrale ainsi que dans les ruelles adjacentes. L'incroyable scintillement des vitrines vaut à lui seul le déplacement.

PLAN P. 36, B2

Sikkat al-Khail St

10h-13h et 15h-22h

M Al-Ras

Le vrai du faux ?

Au souk de l'or, vous n'avez pas à craindre la contrefaçon. La qualité de ce précieux métal étant réglementée par le gouvernement, l'authenticité du bijou sur lequel votre regard se posera est assurée (contrairement aux montres Rolex ou aux sacs Prada avec lesquels les vendeurs ambulants essaieront de vous tenter). Le prix de l'or est fixe, déterminé par le cours international officiel, mais les commerçants sont prêts à négocier leur marge selon la facture de leurs pièces. Avec un sens du marchandage aiguisé, on peut généralement obtenir une baisse de 20 à 30% sur le prix initial.

L'anneau de tous les records

Dubaï, capitale des superlatifs, conserve dans son souk de l'or quelques bijoux d'exception, notamment l'anneau en or le plus grand et le plus lourd du monde (comme l'atteste le *Guinness des records*) : le *Najmat Taiba* ("étoile de Taiba"). Cette merveille de 21 carats estimée à 3 millions de dollars et pesant près de 64 kg est à admirer à la bijouterie Kanz, juste à côté de l'entrée principale du souk, dans Old Baladiya St.

Allées et venues

Pas besoin d'être amateur de bijoux pour apprécier ce souk animé, surtout le soir venu. Installez-vous sur un banc, achetez une bouteille de jus auprès d'un vendeur ambulant et profitez du spectacle haut en couleur : Afghans tirant de lourds chariots, Africaines vêtues de caftans aux couleurs vives, portant leurs achats en équilibre sur la tête, ou encore femmes dubaïotes, en pleine sortie shopping, papillonant et papotant entre elles.

★ À savoir

- Grouillant de touristes le matin, plus somnolent l'après-midi, le souk est à visiter de préférence en soirée.
- Les cartes bancaires sont acceptées presque partout, mais il est plus facile de négocier en payant en liquide.
- Rien ne vous plaît ? Dans la plupart des boutiques, on peut vous confectionner une pièce à votre goût.
- Prenez votre temps avant de vous décider ; visitez plusieurs boutiques et soyez prêt à marchander.

✕ Une petite pause ?

Adresse classique des environs, l'**Ashwaq** (angle Al-Soor St et Sikkat al-Khail St ; sandwichs 4-7 AED ; ⏲ 8h30-minuit ; Ⓜ Palm Deira) prépare de succulents *chawarma*, à arroser d'un jus de fruits fraîchement pressés.

Promenade à pied

Souks de Deira

Le quartier des souks de Deira, particulièrement animé en soirée, est l'un des plus anciens et des plus pittoresques de Dubaï. Cette promenade vous mènera à travers le dédale de ruelles délicieusement chaotiques des principaux souks, bordées d'étals et de boutiques exotiques, en passant par quelques points d'intérêt historiques.

La promenade :

Départ station d'*abra* Deira Old Souq

Arrivée Afghan Khorasan Kabab

Distance 2 km

Durée 3 heures

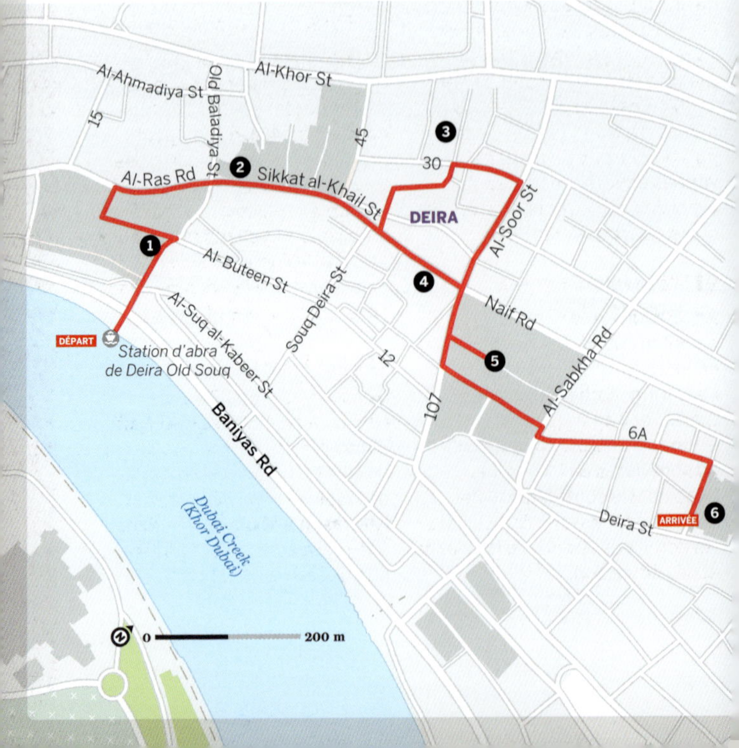

❶ Souk aux épices

À votre descente de l'*abra* à la station Deira Old Souq, les parfums de safran, de curcuma et d'encens vous guideront jusqu'au **souk aux épices** (p. 38). Pour tout savoir sur l'un des plus grands poètes dubaïotes, faites un tour au **Museum of the Poet Al-Oqaili** (p. 39).

❷ Souk de l'or

Arrivé à Al-Ras Rd, prenez à droite jusqu'à Old Baladiya St, où une arche en bois ajourée, reconnaissable à son inscription "City of Gold" ("ville de l'or"), marque l'entrée du **souk de l'or** (p. 32). Posez à côté de la plus grande bague en or du monde, puis admirez les dizaines de vitrines étincelantes, où sont exposées petites boucles d'oreilles et pièces fantaisistes de dot.

❸ Women's Museum

Au nord de l'arcade centrale, où petites boutiques de thé, cafétérias, tailleurs et salons de coiffure bordent d'étroites ruelles, suivez les panneaux pour le **Women's Museum** (p. 38), où sont mises en lumière les importantes contributions de certaines femmes émiraties dans les domaines de l'art, de la science et de l'éducation.

❹ Souk aux parfums

Repartez vers le sud et prenez à gauche 32A St jusqu'à Al-Soor St, l'une des artères principales du **souk aux parfums** (p. 38). Suivez-la vers le sud pour vous enivrer au passage d'*attar* (parfums à base d'huile), à l'*oud* (bois parfumé) pour certains, avant de prendre un jus ou un *chawarma* à l'**Ashwaq** (p. 33), à l'angle de Sikkat al-Khail Rd.

❺ Souk couvert

Traversez le carrefour en diagonale et plongez dans les toutes petites ruelles du **souk couvert** (p. 40), où l'on peut acheter de tout, aussi bien des textiles que des narguilés. Il est agréable d'y flâner en regardant les clients marchander ; peut-être serez-vous inspiré à suivre leur exemple, et partir vous-aussi en chasse de bonnes affaires.

❻ Naif Market

Gagnez Al-Sabkha Rd, puis descendez 6A St jusqu'au **Naif Market** (p. 39), sur le site du souk de Naif historique. Finissez par un festin carnivore à l'**Afghan Khorasan Kabab** (p. 44), dans une ruelle adjacente, à côté de la mosquée Al-Ghurair.

A
B
C
D
E
F
1
2
3
4
0
500 m
GOLFE PERSIQUE
Al-Khaleej Rd
Quartier historique de Shindagha
Al-Ghubaiba Rd
Al-Ghubaiba
AL-RAS
Al-Ras
Baniyas Rd
Al-Shindagha Tunnel
Corniche Rd
Palm Deira
Baniyas Rd
Heritage House
Al-Khor St
Souk de l'or
Al-Ahmadiya St
9
11
4
Women's Museum
12 Al-Daghaya St
Al-Ahmadiya School
Al-Ras Rd
5
Souk aux épices
Sikkat Al-Khail St
Museum of the Poet Al-Oqaili
1
3
Souk aux parfums
10
Al-Khaleej Rd
Al-Khaleej Roundabout
Khalid Bin al-Waleed Rd
2
Souq Deira St
107
7
Al-Sabkha Rd
27
14A
6C
Quai des dhows
Naif Rd
6A
45C
8
12
Al-Khaleej Rd
22
6
Souk couvert
Deira St
Deira St
Al-Hisn St
Al-Fahidi St
Quartier historique d'Al-Fahidi
Baniyas Rd
Souk de Naif
Al-Burj St
24
14C
73
2
8
6
4
15
Naif Rd
12A
34
Rd 14
NAIF
29B
Al-Fahidi
Al-Musallah Rd
Al-Fahidi Roundabout
Baniyas Square
21C
27A
18D
Burj Roundabout
Al-Bahara Hospital
Bahara St
Dubai Hospital
7
16
Al-Maktoum Hospital Rd
Al-Seef Rd
18
Al-Maktoum Rd
AlNakhaSt
16
2A
15
17
18B
18
19
15
Omar Ibn al-Khattab Rd
Al-Rasheed Rd
26A
20
13
19A
2A
Union Square
Fish Roundabout
3B
5B
BurJuman
Sheikh Khalifa Bin Zayed Rd
Khalid Bin al-Waleed Rd (Bank St)
AL-MUTEENA
Omar Ibn al-Khattab Rd
Union
31
Al-Rigga Rd
Salah Al-Din
9
13B
22B
Al-Muteena St
UMM HURAIR
23
National Bank of Dubai
10
40A
34A
22A
12A
19B
25A
Al-Jazeira St
12

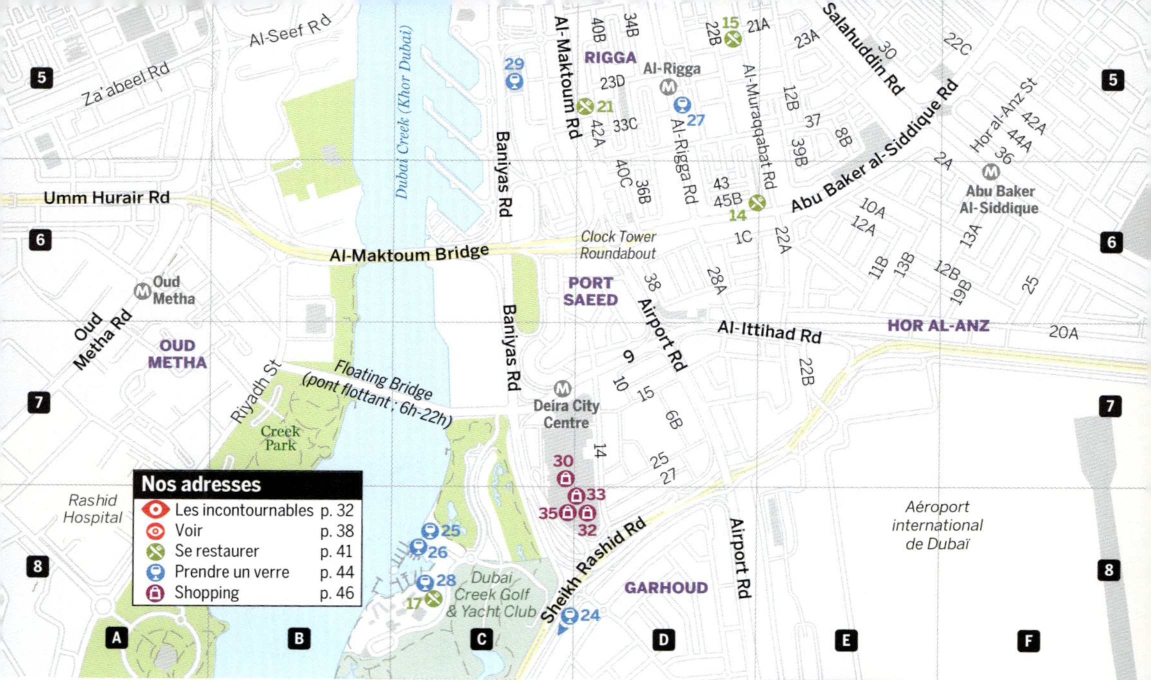

Nos adresses
Les incontournables p. 32
Voir p. 38
Se restaurer p. 41
Prendre un verre p. 44
Shopping p. 46
Al-Seef Rd
Za'abeel Rd
Umm Hurair Rd
Al-Maktoum Bridge
Dubai Creek (Khor Dubai)
Baniyas Rd
Al-Maktoum Rd
RIGGA
Al-Rigga
Al-Rigga Rd
Al-Muraqqabat Rd
Salahuddin Rd
Abu Baker al-Siddique Rd
Hor al-Anz St
Abu Baker Al-Siddique
Clock Tower Roundabout
PORT SAEED
Airport Rd
Al-Ittihad Rd
HOR AL-ANZ
Oud Metha
Oud Metha Rd
OUD METHA
Riyadh St
Floating Bridge (pont flottant ; 6h-22h)
Creek Park
Deira City Centre
Rashid Hospital
Dubai Creek Golf & Yacht Club
Sheikh Rashid Rd
GARHOUD
Aéroport international de Dubaï

Le Creek

Le Creek est à Dubaï ce que la Seine est à Paris. Ce cours d'eau emblématique de la ville, appelé Al-Khor en arabe, accueillit les industries halieutiques et perlières locales au début du XXe siècle, et son dragage en 1961 permit à de plus gros cargos de s'y amarrer. Deux ans plus tard fut inauguré un premier pont : l'Al-Maktoum Bridge.

Les deux rives sont aujourd'hui reliées par quatre ponts, un tunnel et les deux lignes du métro. Mais la traversée de loin la plus pittoresque se fait à bord d'un *abra* (bateau-taxi traditionnel en bois), reliant les souks de Deira et de Bur Dubai (1 AED, 5 minutes).

Voir

Souk aux épices — SOUK

1 PLAN P. 36, B2

Dans les allées de ce marché couvert, à quelques pas de la station d'*abra* Deira Old Souq, les sacs de toile remplis de cardamome, de safran, d'herbes aromatiques et autres condiments sont joliment alignés au côté de fruits séchés, d'encensoirs, de kits de henné et de narguilé. Habitants et marins des *dhows* (boutres) viennent s'approvisionner ici en produits de première nécessité. (entre Baniyas Rd, Al-Ras Rd et Al-Abra St ; environ 9h-22h sam-jeu, 16h-22h ven ; M Al-Ras)

Quai des dhows — PORT

2 PLAN P. 36, B2

Le long du Creek, à côté des souks, tanguent des dizaines de *dhows* (boutres) aux couleurs vives, chargés de sous toutes sortes de frets : climatiseurs, chewing-gums, pneus... Ces longs bateaux de marchandises en bois et à fond plat sillonnent le Golfe et l'océan Indien depuis des siècles, à destination de l'Iran, de l'Irak, de l'Inde, de la Somalie et d'Oman, entre autres. (le long de Baniyas Rd ; M Al-Ras)

Souk aux parfums — SOUK

3 PLAN P. 36, C2

Le terme "souk" est un peu exagéré pour cet ensemble de parfumeries. Le choix d'*attar* (parfums à base d'huile) arabes, généralement conservés dans de grandes bouteilles bulbeuses et vendus dans d'élégants flacons, n'en est pas moins impressionnant. (Naif Rd et Al-Soor St ; 10h-13h et 15h-22h ; M Palm Deira)

Women's Museum — MUSÉE

4 PLAN P. 36, C2

Dans ce musée original, premier en son genre dans la région, vous pourrez découvrir l'histoire de certaines femmes émiraties qui se sont illustrées dans les domaines de la science, du commerce, de la politique et de la littérature (notamment Ousha bint Khalifa al-Suwaidi, la plus célèbre poétesse des Émirats). L'adresse peut être difficile à trouver dans le dédale des ruelles ; repérez les panneaux dans le souk de l'or ou dans Al-Khaleej Rd. (Bait al-Banat ; ☎04 234 2342 ; www.womenmuseumuae.com ; Sikka 9 et 28 ; 20 AED ; ⏲10h-19h sam-jeu)

Museum of the Poet Al-Oqaili

MUSÉE

5 ◉ PLAN P. 36, B2

En 1923, le poète Saoudien Mubarak bin al-Oqaili (1875-1954) s'installa dans cette demeure magnifiquement restaurée, au cœur d'étroites ruelles à la lisière du souk aux épices (p. 38). Les grandes étapes de sa vie et de son œuvre sont retracées dans ce musée (en arabe et en anglais), où sont également exposés des manuscrits originaux et des objets ayant appartenus au poète, comme son bureau, une arme à feu et un stylo. (☎04 515 5000 ; www.dubaiculture.gov.ae/en ; Sikka 21b, souk aux épices ; gratuit ; ⏲8h-14h dim-jeu ; M Al-Ras)

Naif Market

MARCHÉ

6 ◉ PLAN P. 36, C2

Le souk d'origine, parti en fumée en 2008, a été remplacé par ce marché de style centre commercial pittoresque. Il est surtout prisé des femmes à la recherche d'*abaya* (longues robes), de produits au henné, de bijoux fantaisie ou d'extensions capillaires. (entre Naif South St, 9A St et Deira St ; ⏲8h30-23h30 ; M Baniyas Sq)

Abra **(bateaux-taxis en bois)**

Souk couvert
SOUK

7 PLAN P. 36, C2

Pas vraiment couvert, ce souk est un dédale d'étroites ruelles entre Naif Rd, Al-Soor St, 18th St et Al-Sabkha Rd. Même si vous n'êtes pas en quête de fausses Gucci, de *gandouras* (longues tuniques traditionnelles), de jouets en plastique, de textiles ou de baskets bon marché, vous devriez apprécier l'atmosphère. (au sud de Naif Rd ; 9h-22h ; M Palm Deira)

Al-Mamzar Beach Park
PLAGE

8 PLAN P. 36, F2

Cet ensemble de cinq ravissantes plages comprend une foule d'infrastructures : piscine, aires de jeu, aires de pique-nique avec barbecues, matériel de sports nautiques et vélos à louer, snack-bars, Smart Palms ("palmiers" solaires) avec Wi-Fi et cabines climatisées (150-200 AED/jour, sur Beach 4). (04 296 6201 ; Al-Mamzar Creek, Deira ; 5/30 AED par pers/voiture, piscine adulte/enfant 10/5 AED ; 8h-22h dim-mer, 8h-23h jeu-sam ; P)

Heritage House
MUSÉE

9 PLAN P. 36, B1

Fermée pour rénovation lors de la rédaction de ce guide, cette maison de 1890, toute en corail et en gypse, dispose d'une cour bordée d'arcades à l'abri du soleil et de grandes tours à vent, destinées à rafraîchir l'air. Elle appartenait au cheikh Ahmed ben Dalmouk, riche marchand de perles et fondateur de la Al-Ahmadiya School voisine, la plus ancienne école de Dubaï. Demandez gentiment aux ouvriers si vous pouvez jeter un coup d'œil à l'intérieur. (04 226 0286 ; www.dubaiculture.gov.ae/en ; Al-Ahmadiya St ; M Al-Ras)

National Bank of Dubai
ARCHITECTURE

10 PLAN P. 36, C4

La National Bank of Dubai, qui a fusionné avec l'Emirates Bank en 2007 pour former la Emirates NBD, a conservé son siège dans ce gratte-ciel stylisé dominant le Creek, dessiné par Carlos Ott dans les années 1990. Ses formes simples représentent un *dhow* (boutre) à la voile gonflée. Au coucher du soleil, les vrais petits bâteaux sillonant le Creek jouent à se mirer élégamment dans sa façade dorée. (Emirates NBD ; Baniyas Rd ; M Union)

Al-Ahmadiya School
MUSÉE

11 PLAN P. 36, B1

Fondée par le cheikh Ahmed ben Dalmouk, marchand de perles, la première école primaire publique (de garçons) de Dubaï accueillit ses élèves dès 1912. L'actuel émir de Dubaï, le cheikh Mohammed ben Rachid al-Maktoum, figure parmi les enfants qui se serrèrent derrière ses pupitres en bois. Le joli bâtiment présente des arcades intérieures ouvragées, des portes richement ornées et des panneaux décoratifs en gypse. Devenue trop petite, l'école cessa son activité en 1963.

Hors des sentiers battus

Facilement accessible en métro, **Al-Muteena St** est l'une des rues de Dubaï les plus propices à la promenade, avec ses larges trottoirs, ses palmiers et son allée centrale verdoyante. Dans ses cafés et restaurants irakiens, on prépare le *masgouf* : un poisson entier coupé en deux, épicé, embroché et grillé à la flamme. Quant à ses cafés à narguilé, ils ne manquent pas d'allure avec leurs jardins de rocaille, leurs lacs artificiels et leur verdure. Non loin, Al-Muraqqabat Rd est bordée de superbes restaurants syriens, libanais et palestiniens. Un peu plus au sud, Al-Rigga Rd, très vivante, compte aussi de nombreux restaurants prometteurs.

Fermée pour rénovation ; la date de réouverture n'était pas annoncée lors de la rédaction de ce guide. (Al-Ahmadiya St ; M Al-Ras)

Se restaurer

Aroos Damascus

SYRIEN $

12 PLAN P. 36, D4

Ce restaurant sert depuis 1980 des plats syriens à une clientèle fidèle. Le parfait repas commence par un houmous et une salade *fatouche*, suivis d'une assiette de succulentes brochettes de viandes grillées. Immense terrasse et néon clinquant. Bondé jusque tard dans la nuit. (04 221 9825 ; angle Al-Muraqqabat et Al-Jazeira Rd ; sandwichs 4-20 AED, mezze 14-35 AED, plats 15-50 AED ; 7h-15h ; M Salah al-Din)

Aseelah

ÉMIRATI $$

13 PLAN P. 36, C4

Cet élégant restaurant de cuisine émiratie moderne et traditionnelle a tout pour plaire. Un mélange d'épices local appelé *bezar* relève de nombreux plats, notamment la cuisse de poulet farcie aux dattes et le ragoût de chameau. Pour un festin, commandez l'*ouzi*, une chèvre entière garnie de fruits secs et de légumes, mijotée pendant 24 heures. Agréable terrasse. (04 205 7033 ; www.radissonblu.com ; Baniyas Rd, 2e ét, Radisson Blu Hotel, Al-Rigga ; plats 45-195 AED ; 12h30-16h et 18h30-23h15 ; P ; M Union, Baniyas Square)

Al-Tawasol

YÉMÉNITE $

14 PLAN P. 36, D6

Prenez place dans une “tente bédouine” privative ou sur le tapis – protégé par un mince film plastique – de la salle principale de ce restaurant yéménite traditionnel, pour savourer des plats nourrissants comme le *chicken mandi* (poulet rôti en ragoût épicé sur du riz) ou le curry de mouton, servi sur du riz au curcuma. Si manger avec les doigts ne vous dit rien, demandez une cuillère. (☎ 04 295 9797 ; Abu Bakar al-Siddiq Rd, Al-Rigga ; plats 25-75 AED ; ⌚11h-1h ; M Al-Rigga)

Qwaider al-Nabulsi ARABE $

15 PLAN P. 36, D5

Contrairement à ce qu'on pourrait penser de prime abord, cet établissement à l'enseigne lumineuse tape-à-l'œil ne propose pas seulement des pâtisseries (le *kenafeh*, vermicelles baignés dans un sirop, est excellent), mais aussi divers délicieux mets arabes tels que *musakhan* (tourte au poulet) et falafels *mahshi*, couverts de graines de sésame et garnis de pâte de piment, de persil et autres herbes. (☎ 04 227 7760 ; Al-Muraqqabat St ; en-cas 10-17 AED, plats 28-50 AED ; ⌚8h-2h ; 👪 ; M Al-Rigga, Salah al-Din)

Xiao Wei Yang Hotpot CHINOIS $$

16 PLAN P. 36, C3

Voici la marche à suivre dans ce restaurant de fondue chinoise authentique, à côté des Twin Towers (tours jumelles). Verser du bouillon fumant dans une assiette chaude. Composer sa sauce à partir de saté, d'ail, de coriandre, de piment et d'épices. Choisir ses ingrédients (boulettes de poisson, crabe, tofu, racine de lotus, bœuf en tranches...). Tremper et savourer ! (Little Lamb Mongolian Hotpot ; ☎ 04 221 5111 ; www.facebook.com/pg/xiaoweiyangdubai ; Baniyas Rd ; fondues 28-32 AED, viandes 36-48 AED, combinaisons 98-148 AED ; ⌚11h-1h ; M Baniyas Square)

Thai Kitchen THAÏLANDAIS $$

17 PLAN P. 36, C8

Le cadre n'a rien de thaïlandais (des tables de laque noire, un plafond ondulant et pas une seule tige de bambou !), mais les cuisiniers experts, dirigés par Supattra Boonsrang depuis plus de dix ans, élaborent des plats inspirés de la cuisine de rue de Bangkok, servis en portions idéales pour être partagées. Le brunch du vendredi est aussi excellent. (☎ 04 602 1234 ; www.dubai.park.hyatt.com ; Dubai Creek Club St, Park Hyatt Dubai ; petites assiettes 42-70 AED, brunch ven 255-395 AED ; ⌚12h-23h45 ; P 📶 🍸 ; M Deira City Centre)

Al-Mansour Dhow INTERNATIONAL $$$

18 PLAN P. 36, C3

À bord de ce *dhow* (boutre) en bois traditionnel égayé de guirlandes scintillantes du **Radisson Blu Hotel** (www.radissonblu.com ; Baniyas Rd ; M Union, Baniyas Square), servez-vous au somptueux buffet, principalement indien et moyen-oriental, puis régalez-vous en comtemplant les gratte-ciel sur fond de chansons arabes expressives. Bar complet. Lounge à chicha sur le pont supérieur. Embarquement devant l'hôtel. (☎ 04 205 7033 ; dîner-croisière 2 heures adulte/enfant 185/100 AED ; ⌚20h ; P 📶)

Sumibiya CORÉEN $$$

19 PLAN P. 36, C3

Le premier restaurant de style *yakiniku* de Dubaï. Familles et groupes d'amis y passent des moments conviviaux autour d'une table en pierre, où chacun cuit sa viande sur un gril au gaz, puis l'accompagne de sauces et de condiments. D'un bon rapport qualité/prix, les menus comprennent bœuf, poulet, agneau ou poisson, ainsi que salade, riz, soupe, kimchi et dessert. (☎04 205 7033 ; www.radissonblu.com ; Baniyas Rd, Radisson Blu Hotel ; menus 125 AED ; 19h-23h mer-sam ; P ; M Union, Baniyas Square)

Shabestan IRANIEN $$$

20 PLAN P. 36, C4

Ce restaurant iranien traditionnel est une institution locale. Devant la ravissante vue sur les lumières de la ville par-delà le Creek, délectez-vous de *fesenjan* (poulet à la sauce noix-grenade), de *ghormeh sabzi* (ragoût d'agneau) ou autre classique, suivi d'une boule de glace au safran. (☎04 222 7171 ; www.radissonblu.com ; Baniyas Rd, Radisson Blu Hotel ; plats 105-185 AED ; 12h15-15h15 et 19h30-23h30 ; P ; M Union, Baniyas Square)

Sadaf Iranian Sweets PÂTISSERIES $

21 PLAN P. 36, D5

Nichée sous une petite arcade, cette échoppe déborde d'épices, de fruits secs, de safran, de thés et plein d'autres douceurs iraniennes. Mais ce qui attire les initiés, c'est son *faludeh* : d'appétissants vermicelles baignés dans un sirop composé d'eau de rose, de citron et de sucre, et servis avec une boule

Repas moyen-oriental à partager

ZURIJETA/SHUTTERSTOCK ©

de glace au safran. (☎04 229 7000 ; Rigga Al-Buteen Plaza, Al-Maktoum Rd ; ⌚8h-minuit ; Ⓜ Al-Rigga)

Afghan Khorasan Kabab

AFGHAN $

22 PLAN P. 36, C2

Le principe est simple : agrémenter de gros morceaux de viande (mouton ou poulet), cuits à la braise sur de longues brochettes, avec du *pulao* (riz pilaf) afghan, du pain tendre et des sauces. Pour une expérience vraiment authentique, installez-vous à l'étage dans la *majlis* (salle de réception) couverte de tapis et mangez avec vos doigts. Dans une ruelle derrière la mosquée Al-Ghurair. (☎04 359 0003 ; près de Deira St ; plats 19-40 AED ; ⌚11h30-1h ; Ⓜ Baniyas Square)

Ashiana

INDIEN $$$

23 PLAN P. 36, C4

Dans l'élégante salle à manger à l'éclairage tamisé d'une ancienne villa privée, ce bon vieux restaurant indien sert divers classiques modernisés, magnifiquement présentés : curries savoureux, succulents kebabs, *biryani* légers et plats à partager inspirés, comme le *raan lucknowi* : agneau mijoté après avoir mariné 48 heures. (☎04 207 1733 ; www.ashianadubai.com ; Baniyas Rd, rdc, Sheraton Dubai Creek Hotel & Towers ; plats 58-148 AED ; ⌚12h-15h et 19h-23h ; 📶 🍸 ; Ⓜ Union)

Prendre un verre

Irish Village

PUB IRLANDAIS

24 PLAN P. 36, C8

Décoré d'une fausse façade de rue irlandaise, confectionnée à partir de matériaux importés de l'île d'Émeraude, ce pub toujours bondé est une institution à Dubaï depuis 1996. Guinness et Kilkenny à la pression, petit lac artificiel entouré de beaux jardins, concerts ponctuels et grand choix de plats de pub qui auront largement de quoi satisfaire votre estomac. (☎04 282 4750 ; www.theirishvillage.com ; 31 A St, Garhoud ; ⌚11h-1h sam-mer, 11h-2h jeu-ven ; 📶 ; Ⓜ GGICO)

QDs

BAR

25 PLAN P. 36, C8

Regardez le ballet des boutres illuminés tout en sirotant un cocktail au bord du Creek sur cette terrasse-lounge. Les tapis et les coussins sont autant d'appels à la relaxation et, en été, une tente climatisée permet de rester au frais. Les amateurs de narguilés trouveront aussi leur bonheur (☎04 295 6000 ; www.dubaigolf.com ; Dubai Creek Club St, Dubai Creek Golf & Yacht Club, Garhoud ; narguilé 65 AED ; ⌚17h-2h dim-mer, 17h-3h jeu-sam ; 📶 ; Ⓜ Deira City Centre)

Cielo Sky Lounge

BAR

26 PLAN P. 36, C8

Avec ses allures de yacht à la James Bond, ce bar dégage

HEMIS/ALAMY STOCK PHOTO ©

Barman au Terrace

une atmosphère romantique et racée, renforcée par les bateaux dansant sur l'eau et la vue au-delà du Creek sur le panorama urbain dubaïote. L'une des adresses les plus chics de ce côté-ci de la ville pour prendre un verre et des en-cas internationaux en soirée. (☎04 416 1800 ; www.cielodubai.com ; Dubai Creek Club St, Dubai Creek Golf & Yacht Club ; ⏲16h-2h sept-mai ; 📶 ; Ⓜ Deira City Centre)

Juice World

BAR À JUS

27 PLAN P. 36, D5

Un A.S.S. ? Un Man Kiwi ? Un Viagra ? Ce bar à jus saoudien est non seulement connu pour ses 150 potions saines et fabuleusement créatives, mais aussi pour ses extravagantes sculptures sur fruits, auxquelles toute une pièce est consacrée : il faut le voir pour le croire. La grande terrasse est idéale pour observer la rue. (☎04 299 9465 ; www.juiceworld.ae ; Al-Rigga St ; ⏲13h-2h sam-mer, jusqu'à 3h jeu et ven ; Ⓜ Al-Rigga)

Terrace

BAR

28 PLAN P. 36, C8

Design épuré, baies vitrées, terrasse à baldaquins, clientèle chic et vue imprenable sur le Creek : le Terrace (photo ci-dessus) a tout pour vous en mettre plein les yeux. (☎04 602 1814 ; dubai.park.hyatt.com ; Dubai Creek Club St, Park Hyatt Dubai ; ⏲18h-2h ; 📶 ; Ⓜ Deira City Centre)

Issimo
BAR DES SPORTS

29 PLAN P. 36, C5

Sol lumineux bleu, canapés de cuir noir, chromes… Une ambiance stylée à la perfection pour ce sympathique bar sports-et-martini. L'endroit idéal, pourvu que vous aimiez le martini, et le sport sur écran géant… (04 227 1111 ; Baniyas Rd, Hilton Dubai Creek ; 15h-1h ; ; M Al-Rigga, Union).

Shopping

Deira City Centre
CENTRE COMMERCIAL

30 PLAN P. 36, C7

Bien que les autres *malls* de Dubaï soient plus grands et plus tape-à-l'œil, celui-ci reste une valeur sûre pour son agencement rationnel et sa vaste gamme de boutiques ; des grandes chaînes, telles H&M et Zara, aux enseignes locales de qualité vendant tapis, souvenirs et objets d'artisanat. (04 295 1010 ; www.deiracitycentre.com ; Baniyas Rd ; 10h-22h dim-mer, 10h-minuit jeu-sam ; ; M Deira City Centre)

Al-Ghurair Centre
CENTRE COMMERCIAL

31 PLAN P. 36, D4

Moins clinquant que ses jeunes concurrents, le centre commercial le plus ancien de Dubaï n'en compte pas moins 300 boutiques, deux fois plus que lors de son ouverture en 1980. Outre les enseignes occidentales habituelles, on y trouve des magasins spécialisés en costume national et parfums arabes, ainsi qu'un *food court* de 70 restaurants et un multiplexe de 8 salles. (800 24227 ; www.alghuraircentre.com ; angle Al-Rigga Rd et Omar ibn al-Khattab Rd ; 10h-22h dim-mer, 10h-minuit jeu-sam ; M Union, Salah al-Din, Al-Rigga)

Mikyajy
COSMÉTIQUES

32 PLAN P. 36, D8

Cette toute petite boutique Mikyajy, marque de maquillage née dans le Golfe, évoque une boîte de chocolats. Bien que créées pour les goûts et les teints moyen-orientaux, ses couleurs vives illuminent n'importe quel visage. (04 295 7844 ; www.mikyajy.com ; Baniyas Rd, 2e ét, Deira City Centre ; 10h-22h dim-mer, 10-minuit jeu-sam ; ; M Deira City Centre)

Damas
BIJOUX

33 PLAN P. 36, D8

Cette bijouterie n'est sans doute pas la plus innovante de Dubaï, mais certainement la mieux représentée, avec plus de 50 boutiques parsemées à travers la ville. Pièces classiques, bijoux de mariage et grands noms comme Fabergé et Tiffany. (04 295 3848 ; Baniyas Rd, Deira City Centre ; 10h-22h dim-mer, 10-minuit jeu-sam ; ; M Deira City Centre)

Marchandage mode d'emploi

- Comparez les prix de plusieurs magasins ou étals pour avoir une idée de ce qu'il est raisonnable de payer pour tel ou tel produit.
- Si quelque chose vous intéresse, ne montrez pas trop d'enthousiasme, sinon il vous sera difficile de faire baisser le prix.
- N'acceptez pas le premier prix donné. Cela peut d'ailleurs être perçu comme de l'arrogance.
- Commencez en dessous du prix visé pour disposer d'une marge de négociation, mais pas trop bas pour ne pas froisser le vendeur. Une bonne règle à suivre est de commencer à la moitié du premier prix proposé. On peut en principe espérer obtenir une réduction de 20 à 30%.
- Si vous envisagez d'acheter plus d'un article, utilisez cela comme argument de négociation ; plus vous achetez, plus la réduction sera importante.
- Prenez votre temps et restez calme. Que vous fassiez ou non une bonne affaire, l'expérience peut être plaisante.
- Si les négociations ne vont pas comme prévu, prenez congé avec le sourire ; le vendeur vous suivra probablement pour vous proposer un meilleur prix.

Gift Village — GRAND MAGASIN

34 PLAN P. 36, C3

Vous avez besoin d'un nouveau bagage pour prendre l'avion ? Cet établissement à prix réduits en a un bon rayon. Y sont aussi vendus articles de cosmétique, chaussures, vêtements, jouets, articles de sport, bijoux et souvenirs superbement kitsch, tous importés de Chine, de Thaïlande et de Turquie. (04 294 6858 ; www.gift-village.com ; 14th St, Baniyas Sq ; 9h-1h dim-jeu, 9h-12h et 14h-2h ven ; M Baniyas Square)

Women's Secret — VÊTEMENTS

35 PLAN P. 36, C8

Jolis dessous féminins mexicains brodés au point de croix, chemises de nuit de style caftan à la marocaine... Cette audacieuse enseigne espagnole est réputée pour ses sous-vêtements, ses tenues de nuit et ses maillots de bain inspirés du pop art. (04 295 9665 ; Baniyas Rd, 1er ét, Deira City Centre ; 10h-22h dim-mer, 10h-minuit jeu-sam ; M Deira City Centre)

Explorer
Bur Dubai

Se promener à Bur Dubai, c'est un peu remonter le temps. Explorez les quartiers historiques d'Al-Fahidi et de Shindagha et visitez le Dubai Museum, avant d'aller regarder les abra (bateaux-taxis traditionnels en bois) fendre les eaux du Creek vers les souks de Deira. Les rues du quartier alentour, Meena Bazaar, abritent un souk animé spécialisé en textiles ainsi qu'un paradis de saveurs pour les gastronomes aventureux. Pour rencontrer des Dubaïotes et vous régaler de cuisine émiratie faite maison, réservez un repas au Sheikh Mohammed Centre for Cultural Understanding.

Loin du Creek, Bur Dubai se fait plus terne mais conserve quelques attraits. Près du centre commercial haut de gamme BurJuman Centre, dans le très peuplé Karama, on peut faire d'excellentes affaires et manger comme un émir pour presque rien. Le quartier donne sur le Za'abeel Park, espace vert parmi les plus importants de la ville, où se dresse la nouvelle tour panoramique Dubai Frame. Plus à l'est, les constructions les plus remarquables sont le Wafi Mall, au décor inspiré de l'Égypte ancienne, et le Raffles Hotel, en forme de pyramide.

Comment y aller et circuler

Les lignes de métro Red Line et Green Line se croisent à BurJuman, la seconde continuant vers Bur Dubai avant de traverser le Creek vers Deira. Les *abra* relient Bur Dubai à Deira.

M Al-Fahidi/Al-Ghubaiba

Deux stations près du souk de Bur Dubai

Plan de Bur Dubai p. 56

Abra (bateau-taxi en bois) traversant le Creek

Les incontournables

Dubai Museum

Aménagé dans le fort Al-Fahidi – bâti vers 1800, ce qui en ferait la construction la plus ancienne de la ville –, ce musée relate la fulgurante ascension de Dubaï, simple village de pêcheurs et de perliers devenu centre international de commerce, de finances et de tourisme en quelques décennies. Un faux souk, une exposition sur la vie bédouine et une salle dédiée aux activités maritimes illustrent la période prépétrolière.

PLAN P. 56, E2

04 353 1862

Al-Fahidi St

adulte/enfant 3/1 AED

8h30-20h30 sam-jeu, 14h30-20h30 ven

M Al-Fahidi

Fort Al-Fahidi

Crénelée et flanquée de trois tours, cette citadelle toute de corail et de calcaire n'a pas assuré, au cours de son histoire, qu'une fonction défensive. Elle servit de résidence aux dirigeants locaux jusqu'en 1896, puis d'arsenal de la ville naissante et même de prison. Le fort est représenté sur le billet de 100 dirhams.

Cour

Gardienne du fort, la solide porte en teck ornée de pointes de cuivre ouvre sur la cour centrale, où canons en bronze, habitations traditionnelles et bateaux de pêche en bois sont harmonieusement exposés. D'autres portes creusées dans l'enceinte mènent à de petites collections d'instruments et d'armes artisanales.

Dioramas du souk

Dans le musée proprement dit, on traverse le pont d'un *dhow* (boutre) pour pénétrer dans un faux souk, où des mannequins grandeur nature de commerçants et d'artisans, figés en plein travail, prennent vie au milieu des bruitages et des jeux de lumière, des images et des films d'archive.

Exposition sur la plongée aux perles

Cette fascinante exposition, composée en grande partie de photographies d'époque, reconstitue l'ancien mode de vie des chasseurs de perles, qui étaient capables de plonger à des profondeurs incroyables simplement équipés d'un pince-nez et de gants en cuir.

Découvertes archéologiques

La dernière section présente des découvertes archéologiques provenant d'anciennes colonies établies à Jumeirah, à Al-Qusais et sur d'autres sites locaux, qui dateraient pour la plupart de 2000 à 1000 av. J.-C.

★ À savoir

- Venez tôt le matin ou en fin d'après-midi pour éviter les groupes en excursion.
- Admirez les murs de la cour, en corail et en gypse.
- Dispensez-vous de la visite guidée si vous lisez l'anglais : les explications sont suffisantes.
- Les enfants adoreront les effets sonores, les films et les dioramas détaillés.
- Évitez la boutique de souvenirs. Le souk voisin est moins coûteux.

✕ Une petite pause ?

Pour un savoureux petit-déjeuner ou un déjeuner léger, rendez-vous dans la cour de la charmante **Arabian Tea House** (p. 62). Le **Sind Punjab** (p. 62), le plus ancien restaurant familial du quartier à majorité indienne de Meena Bazaar, sert le meilleur *butter chicken*.

Vaut le détour

Quartier historique d'Al-Fahidi

Le tumulte des embouteillages s'essouffle en un bourdonnement lointain dans les venelles labyrinthiques de ce quartier ancien, entre les maisons restaurées et les tours à vent couleur sable. Plus vivant que jamais, Al-Fahidi abrite plusieurs boutiques d'artisanat, des musées, des cafés, des galeries d'art et deux boutiques-hôtels. Le tout est dominé par le minaret élancé de la mosquée Diwan, bâtiment d'un blanc d'albâtre au dôme en forme de meringue.

PLAN P. 56, F2

Al-Fahidi St

entrée libre

M Al-Fahidi

Alserkal Cultural Foundation

Dans cet **espace culturel** (☎04 353 5922 ; www.alserkalculturalfoundation.com ; Heritage House n°13 ; entrée libre ; ⏲9h-19h), dont les galeries suspendues bordent une jolie cour centrale, sont présentées des œuvres traditionnelles et avant-gardistes, pour la plupart à vendre, d'artistes locaux et internationaux. Café tendance dans la cour et petite boutique de souvenirs.

Coffee Museum

Cet élégant **musée privé** (☎04 353 8777 ; www.coffeemuseum.ae ; entrée libre ; ⏲9h-17h sam-jeu), aménagé dans une ancienne maison émiratie, propose un voyage caféiné autour du monde et à travers les âges. Moyennant 10 AED, on peut commander aux serveurs, vêtus de costumes traditionnels, une tasse de café éthiopien fraîchement moûlu.

Majlis Gallery

Fondée en 1989 par l'expatriée britannique Allison Collin, la plus ancienne galerie d'art de Dubaï (☎04 353 6233 ; www.themajlisgallery.com ; Al-Fahidi St ; entrée libre ; ⏲10h-18h sam-jeu) met principalement à l'honneur les peintures et sculptures d'artistes internationaux inspirés par la région, ainsi que des pièces de poterie, de verrerie et autres formes d'art. Abdul Qader al-Rais, artiste émirati renommé, a tenu ici l'une de ses premières expositions.

Coin Museum

Ce petit **musée** (☎04 392 0093 ; dubaiculture.gov.ae/en ; entrée libre ; ⏲8h-14h dim-jeu) recèle une collection de près de 500 pièces de monnaie rares du Moyen-Orient et du Maghreb, notamment d'Égypte, de Turquie et du Maroc. Les plus anciennes, arabo-sassanides, furent frappées au VIIe siècle.

★ À savoir

- N'hésitez pas à ouvrir quelques-unes des lourdes portes pour découvrir ce qu'elles dissimulent.
- Les amateurs de photographie auront les meilleures conditions de luminosité tôt le matin ou en fin d'après-midi.
- En arpentant l'enceinte de la vieille ville, datant de 1800, vous remarquerez qu'une portion du mur évoque un peu la forme de la queue d'un dinosaure.
- Toutes les expositions et les musées sont gratuits.

✕ Une petite pause ?

Commandez une citronnade à la menthe ou un en-cas au café sur cour de l'Alserkal Cultural Foundation, ou détendez-vous dans le jardin tacheté de soleil de l'**Arabian Tea House** (p. 62).

Promenade à pied

Bur Dubai le long du Creek

Cette promenade à travers la partie la plus ancienne de Dubaï débute dans les ruelles pittoresques du quartier historique d'Al-Fahidi, où vous pourrez jeter un coup d'œil dans les maisons et tours à vent rénovées, avant de poursuivre votre route le long du Creek, à travers certains des sites prépétroliers les plus intéressants de la ville. Le tout sans le moindre centre commercial ou gratte-ciel en vue.

La promenade :

Départ quartier historique d'Al-Fahidi

Arrivée Barjeel Heritage Guest House

Distance 3 km

Durée 2-3 heures

❶ Quartier historique d'Al-Fahidi

Commencez par vous balader dans les ruelles d'Al-Fahidi, l'un des quartiers les plus anciens de Dubaï, en admirant les maisons à tours à vent traditionnelles. Visitez un petit musée, comme le **Coffee Museum** (p. 53) ou une galerie d'art, telle que la **XVA Gallery** (p. 60) ou l'**Alserkal Cultural Foundation** (p. 53), puis accordez-vous une pause dans le ravissant jardin clos de l'**Arabian Tea House** (p. 62).

❷ Dubai Museum

Faites un tour à la **Majlis Gallery** (p. 53), espace artistique le plus ancien de Dubaï, avant de quitter le quartier pour continuer vers l'ouest dans Al-Fahidi St jusqu'au **Dubai Museum** (p. 50), qui rend compte de l'essor spectaculaire de la ville. Prenez à gauche en sortant du musée et dirigez-vous vers le minaret de la **Grande Mosquée**, le plus haut de Dubaï.

❸ Hindi Lane

Suivez la ruelle et prenez du côté droit de la mosquée pour gagner **Hindi Lane** (p. 60), petite rue animée et colorée, bordée de minuscules boutiques de bibelots religieux. C'est ici que se trouve le seul temple hindou de Dubaï.

❹ Souk de Bur Dubai

Hindi Lane débouche sur les arcades en bois du **souk de Bur Dubai** (p. 60), aux magasins de souvenirs et de textiles colorés. Vos achats terminés, rejoignez la rive pour prendre en photo les *abra* à la station Dubai Old Souk, avant de suivre le Creek vers le nord jusqu'au quartier historique de Shindagha.

❺ Quartier historique de Shindagha

Ce quartier au bord de l'eau, qui rassemble les anciennes résidences de la famille régnante de Dubaï, fait l'objet d'un vaste réaménagement. Bravez la poussière jusqu'à la splendide **Sheikh Saeed al-Maktoum House** (p. 58), dont la collection de photos du vieux Dubaï est extraordinaire, puis allez voir les dernières trouvailles archéologiques au nouveau **Saruq al-Hadid Archaeology Museum** (p. 58). Terminez votre promenade avec un en-cas ou un jus sur la terrasse de la **Barjeel Heritage Guest House**, devant le ballet intemporel des bateaux.

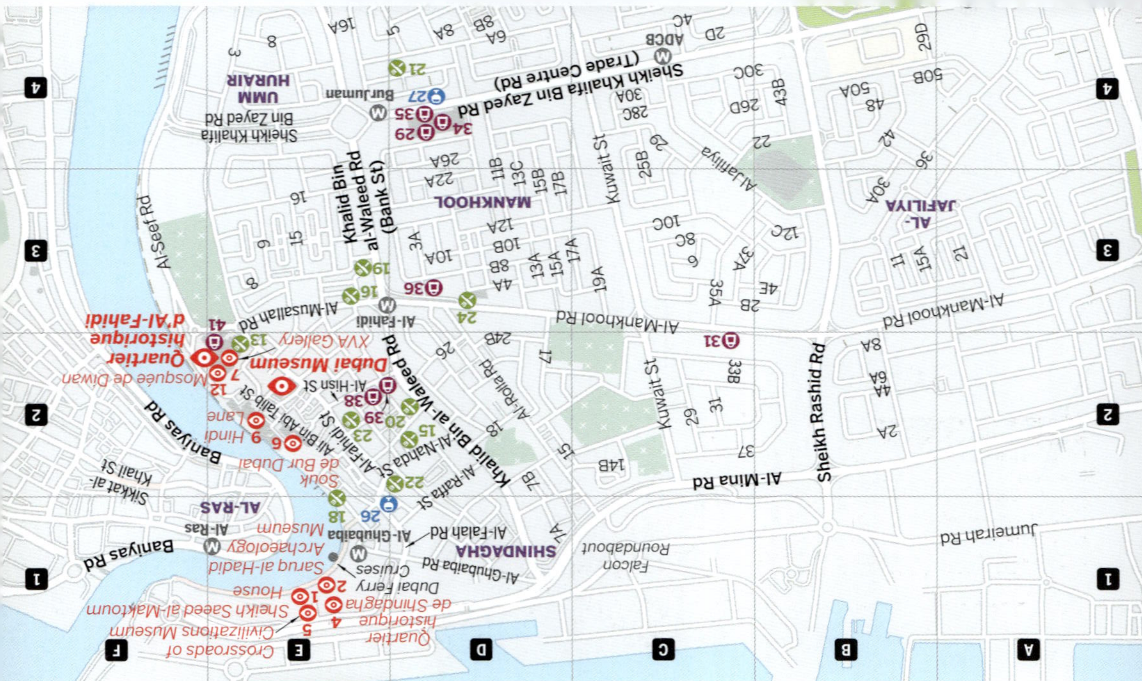
A
B
C
D
E
F
1
2
3
4
Quartier historique de Shindagha
Crossroads of Civilizations Museum
Sheikh Saeed al-Maktoum House
Saruq al-Hadid Archaeology Museum
Dubai Ferry Cruises
Souk de Bur Dubai
Hindi Lane
Mosquée de Diwan
Quartier historique d'Al-Fahidi
Dubai Museum
XVA Gallery
Baniyas Rd
Sikkat al-Khail St
Al-Ras
AL-RAS
Al-Ghubaiba
SHINDAGHA
Al-Ghubaiba Rd
Al-Falah Rd
Al-Raffa St
Al-Nahda St
Al-Fahidi St
Ali Bin Abi Talib St
Al-Hisn St
Khalid Bin al-Waleed Rd
Al-Musallah Rd
Al-Fahidi
Khalid Bin al-Waleed Rd (Bank St)
Al-Seef Rd
Al-Rolla Rd
MANKHOOL
Al-Mankhool Rd
Kuwait St
Sheikh Khalifa Bin Zayed Rd
Sheikh Khalifa Bin Zayed Rd (Trade Centre Rd)
BurJuman
UMM HURAIR
ADCB
Al-Jafiliya
AL-JAFILIYA
Al-Mina Rd
Sheikh Rashid Rd
Falcon Roundabout
Jumeirah Rd

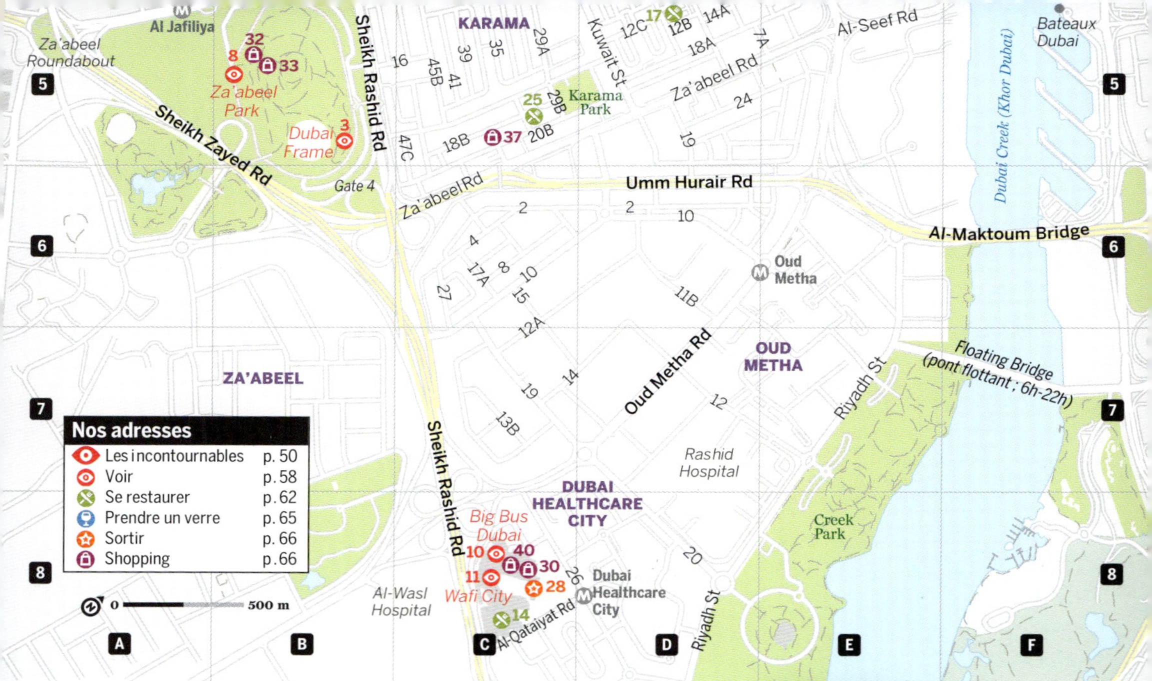

Nos adresses
Les incontournables p. 50
Voir p. 58
Se restaurer p. 62
Prendre un verre p. 65
Sortir p. 66
Shopping p. 66
0 500 m
KARAMA
ZA'ABEEL
OUD METHA
DUBAI HEALTHCARE CITY
Al Jafiliya
Za'abeel Roundabout
Za'abeel Park
Dubai Frame
Gate 4
Sheikh Zayed Rd
Sheikh Rashid Rd
Za'abeel Rd
Umm Hurair Rd
Kuwait St
Karama Park
Al-Seef Rd
Al-Maktoum Bridge
Dubai Creek (Khor Dubai)
Bateaux Dubai
Oud Metha
Oud Metha Rd
Riyadh St
Floating Bridge (pont flottant ; 6h-22h)
Creek Park
Rashid Hospital
Al-Wasl Hospital
Big Bus Dubai
Wafi City
Al-Qataiyat Rd
Dubai Healthcare City
A
B
C
D
E
F
5
6
7
8

Voir

Sheikh Saeed al-Maktoum House

MUSÉE

1 PLAN P. 56, E1

Cette somptueuse maison dotée d'un cour intérieure fut la résidence officielle du cheikh Saeed – grand-père de l'émir actuel de Dubaï – de 1912 à sa mort en 1958. Elle abrite aujourd'hui une excellente collection de photos du Dubaï prépétrolier, prises sur le Creek, dans les souks et lors de fêtes traditionnelles. Sont également exposées d'intéressantes images privées du clan al-Maktoum, ainsi que des pièces de monnaie, des timbres et des documents, dont les plus anciens remontent à 1791. (04 393 7139 ; Shindagha Waterfront, quartier historique de Shindagha ; adulte/enfant 3/1 AED ; 8h-20h30 sam-jeu, 15h-21h30 ven ; M Al-Ghubaiba)

Saruq al-Hadid Archaeology Museum

MUSÉE

2 PLAN P. 56, E1

Découvert profondément enfoui dans le sable du désert aux confins sud de l'Émirat en 2002, Saruq al-Hadid serait une "fonderie" de l'âge du fer, en activité entre 1300 et 800 av. J.-C. À ce jour, les fouilles ont principalement permis d'exhumer des sabres, des têtes de hache, des poignards et autres armes, exposées pour certaines dans ce musée moderne. L'histoire du site et sa découverte sont détaillées à travers la projection de documentaires et d'interviews d'archéologues, partageant leurs dernières découvertes et théories. (203 04 359 5612 ; www.saruqalhadid.ae ; Shindagha Waterfront ; adulte/enfant 20/10 AED ; 8h-20h dim-mer, 8h-14h jeu et sam ; M Al-Ghubaiba)

À la rencontre de la culture émiratie

"Portes ouvertes, esprits ouverts" : telle est la devise du **Sheikh Mohammed Centre for Cultural Understanding** (04 353 6666 ; www.cultures.ae ; House 26, Al-Musallah Rd ; Heritage Tour/Creekside Tour 80/275 AED, repas 90-120 AED ; 9h-17h dim-jeu, 9h-13h sam ; M Al-Fahidi), institution fondée par le cheikh Mohammed en 1998 pour aider les visiteurs à comprendre les traditions et les coutumes des Émirats arabes unis. En plus de visites guidées du quartier historique d'Al-Fahidi et de la mosquée de Jumeirah, le centre organise des petits-déjeuners et déjeuners très prisés, qui offrent l'occasion de rencontrer des Émiratis et d'échanger avec eux. Réservation indispensable.

PHOTOLOHI/SHUTTERSTOCK ©

Za'abeel Park (p. 60)

Dubai Frame

POINT DE VUE

3 PLAN P. 56, B5

Ce "cadre" rectangulaire de 150 m de haut a été inauguré le 1er janvier 2018 dans le Za'abeel Park (p. 60). Après la visite du musée sur l'histoire de Dubaï situé au rez-de-chaussée, les visiteurs découvrent une superbe vue sur la ville depuis la plateforme panoramique. Dans un dernier espace, ils peuvent imaginer à quoi ressemblera Dubaï dans 50 ans. (www.thedubaiframe.com ; entrée 3, Za'abeel Park ; adulte/enfant 50/20 AED ; 9h-21h ; M Al-Jafiliya)

Quartier historique de Shindagha

QUARTIER

4 PLAN P. 56, E1

Jusque dans les années 1950, les cheikhs et l'élite de la ville vivaient dans ce quartier huppé à l'embouchure du Creek. Certaines demeures ont été restaurées et transformées en musées, mais une partie du secteur, en cours d'aménagement, demeure fermée au public. À terme, les visiteurs pourront découvrir un nouveau Shindagha Museum, au côté d'autres musées, ainsi que des restaurants et des hôtels historiques. (Shindagha Waterfront ; M Al-Ghubaiba)

Crossroads of Civilizations Museum

MUSÉE

5 PLAN P. 56, E1

Ce musée privé du quartier de Shindagha illustre le rôle crucial qu'à tenu Dubaï au cours de l'histoire, en tant que nœud commercial entre l'Est et l'Ouest. Sont exposés des centaines d'objets issus d'Obeïd, de Grèce, de Rome, de Babylone et de toutes les civilisations ayant marqué la région de leur passage. (04 393 4440 ; www.themuseum.ae ; Al-Khaleej Rd ; 30 AED ; 9h-17h sam-jeu ; M Al-Ghubaiba)

Souk de Bur Dubai

SOUK

6 PLAN P. 56, E2

Le souk le plus ancien de Dubaï s'articule autour d'une allée centrale, coiffée d'un toit en bois richement sculpté, soutenu par des arcades. Les vendredis soir sont très animés : les travailleurs expatriés en congé viennent y faire le plein de chaussettes, pashminas, T-shirts et d'articles de contrefaçon. Dans la section **Textile Souq**, vous trouverez des tissus – soie, coton, satin, velours – à des prix très raisonnables. (entre le front de mer de Bur Dubai et Ali bin Abi Talib St ; 8h-13h et 16h-22h sam-jeu, 16h-22h ven ; M Al-Ghubaiba)

XVA Gallery

GALERIE

7 PLAN P. 56, E2

Installée dans le quartier historique d'Al-Fahidi (p. 52) depuis 2003, cette galerie met à l'honneur les jeunes talents du Moyen-Orient et d'Inde. Les œuvres expriment souvent l'identité culturelle des artistes pour mieux remettre en cause les idées préconçues du public. La galerie participe également à de prestigieux salons d'art comme Art Basel et Art London. (04 353 5383 ; www.xvagallery.com ; XVA Guesthouse, quartier historique d'Al-Fahidi, près d'Al-Fahidi St ; 10h-18h ; M Al-Fahidi)

Za'abeel Park

PARC

8 PLAN P. 56, B5

Ce vaste parc à l'ombre des palmiers est une destination très prisée des familles le week-end. Il comprend de nombreuses zones de loisirs, dont un joli lac sur lequel on peut faire du bateau, un parc de jeux, des aires de barbecue couvertes, une piste de jogging et un train miniature. (04 398 6888 ; entrée 1, près de Sheikh Khalifa bin Zayed Rd ; 5 AED ; 8h-23h sam-mer, 8h-23h30 jeu-ven ; ; M Al-Jafiliya)

Hindi Lane

RUE

9 PLAN P. 56, E2

Jusqu'à la construction d'un nouveau temple à Abu Dhabi, le minuscule double sanctuaire vieillissant (datant de 1958) caché derrière la Grande Mosquée était le seul lieu de culte pour les quelque 3 millions d'hindous des Émirats. Il est dédié à Shiva et à Krishna. On y accède par une étroite ruelle colorée, surnommée "Hindi Lane" ("ruelle hindoue"), bordée de boutiques de bibelots religieux et d'offrandes : paniers de fruits, guirlandes de fleurs, images sacrées, cendre sacrée, pâte de bois de santal, etc. (près d'Ali bin Abi Talib St ; M Al-Fahidi, Al-Ghubaiba)

L'histoire d'Al-Fahidi

Le quartier historique d'Al-Fahidi, anciennement appelé "quartier Bastakia", fut fondé au début des années 1900 par des marchands originaires de la ville persane de Bastak, venus s'installer à Dubaï pour profiter des avantages fiscaux accordés par le cheikh. Dans les années 1970 cependant, les habitants commencèrent à abandonner leurs bâtiments délabrés au profit de quartiers moins anciens et plus confortables. Des Dubaïotes engagés, des expatriés et même le prince Charles empêchèrent la démolition du quartier dans les années 1980. Pour en savoir plus, inscrivez-vous à une visite guidée auprès du **Sheikh Mohammed Centre for Cultural Understanding** (p. 58).

Big Bus Dubai

BUS

10 PLAN P. 56, C8

Parcourir la ville à bord d'un bus à impériale à ciel ouvert, avec montées et descentes à volonté, est un bon moyen de prendre ses repères dans Dubaï. Les bus, avec commentaires enregistrés en plusieurs langues, suivent trois itinéraires interconnectés et marquent 35 arrêts (centres commerciaux, plages et sites d'intérêt). En option : croisière en boutre, circuit nocturne en bus et billets de musées. Les billets s'achètent en ligne (réduction de 10%), à bord du bus ou dans les hôtels. (04 340 7709 ; www.bigbustours.com ; ticket 24 heures adulte/enfant 69/41 $US, 48 heures 73/47 $US, une semaine 83/54 $US)

Wafi City

QUARTIER

11 PLAN P. 56, C8

L'Égypte ancienne connaît une seconde vie dans ce somptueux complexe hôtelier, résidentiel et commercial, avec ses pyramides, ses hiéroglyphes et ses statues de Ramsès et d'Anubis. Allez-y de préférence lors du spectacle son et lumière organisé chaque soir à 21h30 (de septembre à mai). Les mois les plus frais, des films gratuits sont projetés en plein air au Rooftop Gardens le dimanche soir à 20h30.

Créé dans les années 1990, Wafi City fut l'un des premiers nouveaux quartiers modernes de la ville, à la fois pratiques et ludiques. (04 324 4555 ; www.wafi.com ; Oud Metha Rd et Sheikh Rashid Rd ; P ; M Dubai Healthcare City)

Mosquée de Diwan

MOSQUÉE

12 PLAN P. 56, E2

Avec son dôme caractéristique et son minaret élancé, cette mosquée blanche comme neige veille sur le quartier historique d'Al-Fahidi (p. 52). Les non-musulmans ne peuvent en visiter l'intérieur que dans le cadre de la visite guidée proposée par le Sheikh Mohammed Centre for Cultural Understanding (p. 58). (Al-Mussalah St ; gratuit ; M Al-Fahidi)

Se restaurer

Arabian Tea House

CAFÉ $$

13 PLAN P. 56, E2

Un vieil arbre, des fauteuils en osier, des bancs turquoise et un tourbillon de fleurs dans la cour de la maison d'un ancien marchand de perles. Côté cuisine : un grand choix de spécialités émiraties, dont *raqaq* (pain traditionnel), *magbous* au poulet (avec riz et épices) et poulet *salona* (dans un ragoût à base de tomates). (04 353 5071 ; Al-Fahidi St ; petit-déj 30-65 AED, plats 48-65 AED ; 7h30-22h ; M Al-Fahidi)

Tomo

JAPONAIS $$$

14 PLAN P. 56, C8

Le nom de ce restaurant chic signifie "ami de longue date" ; ce qui lui va à merveille, compte tenu de la fidélité de sa clientèle. Ici pas de cuisine fusion, mais des sushis et sashimis ultrafrais, du délicieux bœuf *wagyu*, des tempuras légers et d'autres délices authentiquement japonais. De plus, sa terrasse, située au 17e étage de l'hôtel Raffles, offre une superbe vue à 360° sur la ville. (04 357 7888 ; www.tomo.ae ; 13th St, 17e et, hôtel Raffles, Wafi City ; plats 70-550 AED ; 12h30-15h30 et 18h30-1h ; M Dubai Healthcare City)

Sind Punjab

INDIEN $

15 PLAN P. 56, D2

Comme le bon vin, certaines adresses se bonifient avec le temps. C'est le cas de ce restaurant familial du Meena Bazaar, ouvert en 1977. Les fervents habitués locaux s'y pressent toujours pour se régaler de ses délicieuses spécialités du nord de l'Inde, comme le *butter chicken* et le *dal makhani* (riche ragoût de lentilles noires et de haricots rouges). (04 352 5058 ; angle Al-Esbij St et 29A St ; plats 15-38 AED ; 8h-23h ; ; M Al-Fahidi, Al-Ghubaiba)

Al-Ustad Special Kabab

IRANIEN $

16 PLAN P. 56, E3

Cheikhs comme cireurs de chaussures fréquentent ce sympathique kebab établi depuis 1978 (anciennement nommé "Special Ostadi"), dont les murs sont couverts de photos de clients satisfaits. Sur fond de rires et de bavardages, une escadrille de serveurs vifs et excentriques apporte sur les tables de généreuses assiettes de riz et de poulet mariné au yaourt. (04 397 1933 ; Al-Musallah Rd ; plats 25-42 AED ; 12h-16h et 18h30-1h sam-jeu, 18h30-1h ven ; M Al-Fahidi)

Eric's

INDIEN $

17 PLAN P. 56, D5

Des reproductions de dessins de Mario Miranda, originaire de l'État indien tropical de Goa, décorent la salle simple et animée de ce restaurant de spécialités goanes divinement épicées. Malgré quelques fausses notes, la carte séduit avec ses *chicken lollipops* (pilons de poulet), son "canard" de Bombay (en réalité du poisson !) et son poulet *xacuti*, appétissant curry aux graines de pavot. (04 396 5080 ; 10B St, Sheikh Hamdan Colony, Karama ; plats 20-40 AED ; 11h30-15h30 et 18h30-minuit ; ; M BurJuman, ADCB)

Saravana Bhavan

INDIEN $

18 PLAN P. 56, E1

Restaurant de spécialités végétariennes du sud de l'Inde parmi les meilleurs de la ville, dans une superbe salle toute simple à un pâté de maisons de la station d'*abra*. On y sert *palak paneer* au beurre, *rogan josh* crémeux, *biryani* parfumés et bien d'autres délices. Mais, chose curieuse, le lieu est surtout réputé pour son café filtre – somme toute excellent. (04 353 9988 ; Khalifa bin Saeed Bldg, 3A St ; plats 15-17 AED ; 7h-23h sam-mer, 7h-23h30 jeu-ven ; ; M Al-Ghubaiba)

Antique Bazaar

INDIEN $$

19 PLAN P. 56, E3

Semblable à un palais moghol, la salle est somptueusement décorée, avec chaises en bois sculpté, tables incrustées d'ivoire et tissus à motifs. Délicieux *machli mirch ka salan* (poisson avec noix de coco, tamarin et curry) et *gosht awadhi biryani* (riz avec agneau, safran et noix). Spectacle musical et danse au dîner. (04 397 7444 ;

Arabian Tea House

Balade gastronomique dans le vieux Dubaï

Pour une immersion culinaire dans le Dubai multiethnique, réservez une visite (en anglais) avec **Frying Pan Adventures** (www.fryingpanadventures.com ; circuits 442 AED). Lors de cette balade à pied, vous évoluerez en petit groupe dans l'envoûtant dédale de ruelles de Bur Dubai ou de Deira, d'Arva Ahmed, ou de sa sœur Farida, goûterez cinq ou six en-cas indiens, libanais ou népalais tandis que le guide vous livrera mille anecdotes sur la cuisine, les restaurants et la vie du quartier. Consultez les dates et réservez sur le site Internet.

www.antiquebazaar-dubai.com ; Khalid bin al-Waleed Rd, Four Points by Sheraton Bur Dubai, Mankhool ; plats 46-130 AED ; 12h30-15h et 19h30-minuit ; P ; M Al-Fahidi)

Kabul Darbar AFGHAN $

20 PLAN P. 56, D2

Conformément à la tradition afghane, trouvez une place sur le tapis, commandez généreusement et mangez avec vos doigts. Idéal pour un repas à la fois savoureux et nourrissant, tous les plats étant servis avec une soupe, du pain et une salade. (04 325 0900 ; Khalid bin al-Waleed Rd ; plats 20-40 AED ; 12h-minuit sam-jeu, 13h-minuit ven ; M Al-Fahidi)

Govinda's VÉGÉTARIEN $

21 PLAN P. 56, D4

Des jaïns dirigent ce très chaleureux restaurant indien végétarien, dont la cuisine sattvique ultra-saine (tout est frais, bio et de saison) regorge de saveur malgré l'absence d'huile, d'oignon et d'ail. Essayez l'onctueux *paneer makhanwala* (fromage indien dans une sauce tomate crémeuse) et le riche *dal makhani*. (04 396 0088 ; mygovindas.com ; 4A St, Karama ; plats 30-42 AED ; 12h-15h30 et 19h-minuit ; ; M BurJuman)

Nepaliko Sagarmatha NÉPALAIS $

22 PLAN P. 56, D2

Dans ce petit restaurant rudimentaire, les Népalais atténuent leur mal du pays avec des assiettes de délicieux *momo* (raviolis), notamment farcis à la viande de buffle, et des bols de *thukpa* (soupe de nouilles). Un peu en retrait de la rue, donnant sur un parking. (04 352 2124 ; Al-Fahidi St et 11th St ; plats 10-22 AED ; 9h-minuit ; M Al-Ghubaiba)

Vaibhav INDIEN $

23 PLAN P. 56, E2

Les *dosa* (crêpes salées), *paratha* (galettes de pain à la poêle) garnis et autres spécialités de rue végétariennes du sud de l'Inde font ici fureur, et les cuisiniers offrent un spectacle digne de Bollywood ! Accompagnez votre repas d'un *masala chai* (thé aux épices). Particulièrement animé le soir. Dans une ruelle quelconque, adjacente à Al-Fahidi St, en face du magasin de fruits secs Elegant Corner et derrière la National Bank of Dubai. (☎04 353 8130 ; www.vaibhav.ae ; Al-Fahidi St ; en-cas 2-20 AED ; ⌚7h30-23h ; ✎ ; Ⓜ Al-Gubaibha)

Lebanese Village Restaurant

LIBANAIS $

24 PLAN P. 56, D3

Une valeur sûre, avec une carte très classique mais correcte de grillades, de houmous et de taboulé (salade de boulgour, tomate et persil). À la lumineuse salle de style *diner*, préférez les tables en terrasse, ombragées par des parasols. Service de plats à emporter pratique si vous séjournez dans une résidence hôtelière voisine. Près du Ramada Hotel. (☎04 352 2522 ; Al-Mankhool Rd ; plats 20-70 AED ; ⌚12h-2h ; Ⓜ Al-Fahidi)

Karachi Darbar

PAKISTANAIS $

25 PLAN P. 56, C5

Avec son immense choix de plats pakistanais, indiens et chinois, cette chaîne locale régale les expatriés et les habitués du Karama Market (p. 69) friands de *biryani* à petits prix. Nous recommandons le masala de crevettes, le *kadai* de mouton et le *butter chicken*. Le chef peut être un peu trop généreux avec le ghee (beurre clarifié). Près du Lulu Supermarket. (☎04 334 7272 ; 33B St, Karama Market ; plats 10-30 AED ; ⌚5h-2h ; ✎ ; Ⓜ ADCB)

Prendre un verre

George & Dragon

PUB

26 PLAN P. 56, E1

Ouvert depuis une génération, ce lieu a tout d'un authentique pub anglais : fléchettes, billard, *fish and chips* un peu gras, bière bon marché et vitrail représentant la joute entre saint Georges et le dragon. Une adresse sympathique et pleine de caractère pour descendre une pinte. Dans l'Ambassador, plus vieil hôtel de Dubaï (1971). (☎04 393 9444 ; www.astamb.com ; Al-Falah Rd, rdc, Ambassador Hotel, Meena Bazaar ; ⌚midi-3h ; Ⓜ Al-Ghubaiba)

Rock Bottom Cafe

PUB

27 PLAN P. 56, D4

Prisé des expatriés occidentaux, ce pub ouvert de longue date a des allures de restoroute américain des *seventies*. Un groupe de reprises pop y joue des tubes à plein volume, et un DJ remplit les interludes avec entrain. En journée, c'est un simple café qui sert des plats internationaux. Le terminus idéal d'une joyeuse soirée en ville avec un groupe d'amis, autour de quelques tequilas. (☎04 396 3888 ; Sheikh Khalifa bin Zayed Rd, rdc, Regent Palace Hotel, Karama ; ⌚12h-3h ; Ⓜ BurJuman)

Sortir

Movies under the Stars

CINÉMA EN PLEIN AIR

28 PLAN P. 56, C8

Chaque dimanche soir pendant les mois les plus frais, les cinéphiles initiés investissent le toit du Pyramids Building, à côté du Wafi Mall, pour regarder gratuitement un classique du cinéma, enfoncés dans un pouf poire géant.

Nourriture et boissons sans alcool disponibles. (04 324 4100 ; www.pyramidsrestaurantsatwafi.com ; Pyramids Rooftop Gardens, Wafi City ; gratuit ; 20h30 dim fév-avr ; ; M Dubai Healthcare City)

Petites croisières

Le **Dubai Ferry** (Plan p. 56, E1 ; 800 9090 ; www.rta.ae ; Shindagha Waterfront ; adulte/enfant 50/25 AED) est un moyen amusant de découvrir la ville. Les bateaux partent tous les jours à 11h, 13h et 18h30 pour une excursion d'une heure et demie entre les terminaux Al-Ghubaiba et Dubai Marina (dans un sens ou dans l'autre), passant notamment par Port Rashid, le Burj al-Arab et le Madinat Jumeirah. L'offre comprend aussi un circuit *afternoon tea* (à 15h) et une croisière au coucher du soleil (à 17h). Tous ces circuits coûtent 50/25 AED (adulte/enfant).

Shopping

BurJuman

CENTRE COMMERCIAL

29 PLAN P. 56, D4

Loin de se reposer sur ses lauriers, le plus ancien centre commercial haut de gamme de Dubaï (établi en 1992) ne cesse de se réinventer. Après de récentes transformations, quelques 200 nouvelles boutiques ont été implantées dans ses galeries (notamment des enseignes de luxe comme Dior et Versace), ainsi qu'un vaste supermarché Carrefour et un multiplexe de 14 salles. Le magnifique *food court* Pavilion Gardens est aménagé autour d'une fontaine, sous un haut plafond de verre. (04 352 0222 ; www.burjuman.com ; Sheikh Khalifa bin Zayed Rd ; 10h-22h sam-mer, 10h-23h jeu-ven ; ; M BurJuman)

Wafi Mall

CENTRE COMMERCIAL

30 PLAN P. 56, C8

Au cœur du Wafi City (p. 61), quartier aménagé sur le thème de l'Égypte ancienne, ce centre commercial à l'architecture saisissante est bâti autour de trois pyramides de vitraux et gardé par deux immenses statues de Ramsès II. Choisissez vos souvenirs à rapporter parmi des produits venus de tout le monde arabe, dans le **souk Khan Murjan**, au sous-sol, inspiré du souk bagdadien du même nom. (04 324 4555 ; www.wafi.com ; Oud Metha Rd ; 10h-22h sam-mer, 10h-minuit jeu-ven ; ; M Dubai Healthcare City)

Fabindia

MODE ET ACCESSOIRES

31 PLAN P. 56, C2

En activité depuis 1950, Fabindia est une grande chaîne indienne de commerce de détail. Ses articles sont fabriqués à la main selon les techniques traditionnelles par plus de 50 000 villageois indiens. Grand choix de vêtements, meubles et objets artisanaux, avec notamment des *kurtis* (tuniques) colorés, des châles élégants, des coussins de soie à motifs, des thés bio et des chutneys, le tout à prix très raisonnables. (04 398 9633 ; www.fabindia.com ; Nashwan Bldg, Al-Mankhool Rd ; 10h-22h sam-jeu, 14h-22h ven ; M ADCB)

Dubai Flea Market

MARCHÉ

32 PLAN P. 56, B5

Après avoir fait des folies dans les centres commerciaux, dénichez de bonnes affaires parmi les piles d'articles de seconde main des marchés aux puces itinérants, établis chaque week-end dans un endroit différent de Dubaï, notamment dans le vaste Za'abeel Park. Lieux et dates des prochains marchés sur le site Internet. (055 886 8939 ; www.dubai-fleamarket.com ; entrées 1 et 2, Za'abeel Park ; 5 AED ; 8h-15h tous les 1er sam du mois oct-mai ; M Al-Jafiliya)

Ripe Market

MARCHÉ

33 PLAN P. 56, B5

Vous trouverez tout le nécessaire pour un excellent pique-nique sous les palmiers dans ce marché du vendredi, installé au milieu du luxuriant Za'abeel Park : fruits et légumes de producteurs locaux, miel, fruits secs, épices, œufs, stands de nourriture et café torréfié de premier choix. L'artisanat local est aussi bien représenté. (04 315 7000 ; ripeme.com/the-ripe-markets ; entrée 2, Za'abeel Park ; 9h-14h fin oct à mars ; ; M Al-Jafiliya)

Agapes sur l'eau

Pour découvrir la magie du vieux Dubaï, rien ne vaut un dîner-croisière sur le Creek. Vous passerez devant les maisons historiques riveraines, les gratte-ciel étincelants, les tours à vent et les boutres en partance pour l'Iran ou l'Inde. Les salles à manger sont climatisées, et l'on y sert de l'alcool. **Bateaux Dubai** (Plan p. 56, F5 ; 04 814 5553 ; www.bateauxdubai.com ; Baniyas Rd, près de la Emirates NBD ; dîner-croisière de 2 heures 30 avec/sans alcool 520/415 AED par adulte, enfant 190 AED ; 20h30-23h ; P ; M Union) propose un dîner de 4 plats à la carte à bord d'un bateau contemporain élégant avec vue panoramique, nappes blanches et musique live ; une valeur sûre, surtout si la cuisine est pour vous aussi importante que l'ambiance.

Bateel — ALIMENTATION

34 PLAN P. 56, D4

L'hospitalité arabe traditionnelle voulait que l'on offre des dattes et du lait de chamelle aux invités. Aujourd'hui, les Émiratis scellent leurs amitiés autour des douceurs de chez Bateel, soit 21 variétés de délicieux chocolats et truffes aux dattes, élaborés selon des techniques de fabrication européennes. Le personnel se fera un plaisir de vous proposer une dégustation. La plupart des centres commerciaux de Dubaï disposent de leur propre enseigne ; renseignez-vous sur le site Internet. (04 355 2853 ; www.bateel.com ; Sheikh Khalifa bin Zayed Rd, 1er et, BurJuman Mall ; 10h-22h dim-mer, 10h-23h jeu-ven ; ; M BurJuman)

Ajmal — PARFUMS

35 PLAN P. 56, D4

Une adresse incontournable pour les *attar* (parfums) traditionnels arabes, vendus dans de belles bouteilles incrustées d'or ou de pierres précieuses. Les senteurs sont boisées et capiteuses. Demandez la création maison, l'Ajmal, à base de musc blanc et de jasmin. (04 351 5505 ; www.ajmalperfume.com ; Sheikh Khalifa bin Zayed Rd, BurJuman Mall ; 10h-22h sam-mer, 10h-23h jeu-ven ; M BurJuman)

Computer Plaza — ÉLECTRONIQUE

36 PLAN P. 56, D3

Ce centre commercial dédié à l'électronique compte plus de 80 boutiques où sont vendus

Flacons d'*attar* (parfum)

ANDRZEJ KUBIK/SHUTTERSTOCK ©

matériel informatique, logiciels, imprimantes, scanners et autres accessoires, ainsi qu'appareils photo numériques et téléphones mobiles. En cas de petit creux, quelques fast-foods et le comptoir d'un glacier attendent les clients au rez-de-chaussée. (☎600 560 609, 055 335 5533 ; www.computerplaza-me.com ; Al-Mankhool Rd , Al-Ain Center ; ⏲10h-22h sam-jeu, 14h-22h ven ; M Al-Fahidi)

Karama Market — MARCHÉ

37 PLAN P. 56, C5

Le quartier animé de Karama, aux allures de souk en béton sans charme, recèle d'innombrables magasins d'artisanat et de souvenirs. Les commerçants vous proposeront peut-être de vous conduire dans les "pièces secrètes" à l'arrière, qui regorgent de contrefaçons de sacs et de montres de marque. (Karama Shopping Complex ; www.facebook.com/karamaMarketDubai ; 18B St ; ⏲10h-22h ; M ADCB)

Dream Girl Tailors — VÊTEMENTS

38 PLAN P. 56, E2

Kamal Makhija et son armada de tailleurs subliment les femmes depuis 1971. Ils peuvent créer des modèles originaux, copier une robe que vous aimez et même vous confectionner une tenue à partir d'une photo de magazine. (☎04 388 0070 ; www.dreamgirltailors.com ; Al-Futtaim Bldg, 37D St, Meena Bazaar ; ⏲10h-13h et 16h-22h sam-jeu, 18h-21h ven ; M Al-Fahidi)

Hollywood Tailors — VÊTEMENTS

39 PLAN P. 56, E2

Ici, on cultive l'art des costumes sur mesure depuis 1976. Choisissez votre tissu parmi les nombreux échantillons et patientez trois jours à une semaine pour voir le résultat final. (☎04 352 8551 ; hollywooduae.com ; 37D St, Meena Bazaar ; ⏲9h30-13h30 et 16h-22h sam-jeu, 18h-21h ven ; M Al-Fahidi)

The One — ARTICLES POUR LA MAISON

40 PLAN P. 56, C8

Paradis des décorateurs d'intérieur amateurs, ce spacieux magasin rassemble des articles de premier choix amusants et innovants de dizaines de fabricants internationaux : oreillers en perles, bergères à imprimé tigre, lampes à suspension de style rétro... (☎600 541 007 ; www.theone.com ; 1er ét, Wafi Mall ; ⏲10h-22h sam-mer, 10h-minuit jeu-ven ; M Dubai Healthcare City)

Royal Saffron — ÉPICES

41 PLAN P. 56, E2

Cette petite boutique nichée dans les ruelles du quartier historique d'Al-Fahidi (p. 52) est un régal pour les yeux. Elle regorge d'épices (clous de girofle, cardamome, cannelle), d'huiles parfumées, de fruits secs, d'encens de Somalie et d'Oman, de poudre de henné, sans compter les amusantes salières et poivrières en forme de cheikh et de *cheikha*. (☎050 282 9565 ; quartier historique d'Al-Fahidi, Al-Fahidi St ; ⏲9h-21h ; M Al-Fahidi)

Explorer Jumeirah et environs

Version émiratie de Malibu, Jumeirah (littéralement "la belle") frange de ses magnifiques plages publiques les eaux turquoise du Golfe, sur lesquelles continuent d'apparaître de nouvelles îles et péninsules artificielles.

Parallèle au littoral, Jumeirah Rd s'étire en ligne droite du nord au sud entre l'Etihad Museum et le Burj al-Arab. Elle réunit des boutiques de luxe indépendantes et un petit centre commercial d'inspiration italienne, le Mercato Mall, loin de la démesure des grands temples de la consommation dubaïotes. Dans 2nd December St, on peut admirer plusieurs belles œuvres d'art urbain. Plus au sud, la mosquée de Jumeirah est l'une des rares mosquées ouvertes aux non-musulmans.

Le récent Dubai Canal a coupé le quartier en deux, refaçonnant son visage pour les années à venir. En grande partie résidentiel, Jumeirah est dominé par des immeubles d'appartements bas et des villas blanchies à la chaux. Les centres commerciaux tendance d'Al-Wasl Rd et le vaste complexe City Walk, particulièrement apprécié des familles et des hipsters émiratis, ont agrémenté cette partie ancienne de la ville de poches urbaines branchées.

Comment y aller et circuler

M **World Trade Centre**, **Emirates Tower**, **Financial Centre** et **Burj Khalifa/Dubai Mall** sont les stations les plus proches.

Prenez un taxi jusqu'à votre destination finale.

Le bus n°8 longe tout Jumeirah Rd jusqu'au Burj al-Arab.

Plan de Jumeirah p. 72

Plage de Jumeirah R.A.R. DE BRUIJN HOLDING BV/SHUTTERSTOCK ©

A
B
C
D
1
2
3
4
5
6
0
500 m
Nos adresses
Voir p. 74
Se restaurer p. 77
Prendre un verre p. 80
Shopping p. 81
GOLFE PERSIQUE
10
Wonder
Bus Tours
75A
20
16
8
24
8A
Jumeirah Rd
18
59A
14D
75B
79
77B
26C
32C
28B
69B
65B
JUMEIRAH 2
32C
Al-Wasl Rd
2D
75
79
81
30
25
31
26
Al-Wasl Rd
29
9
13th St
23
19
57A
12
7
4
Green
Planet
3
Mattel Play! Town
5
Dubai
Walls
Hub Zero
Umm Amara St
Al-Safa St
13th St
83B
58A
Burj Khalifa/
Dubai Mall
Interchange n°1
(échangeur)
Sheikh Zayed Rd
DOWNTOWN
DUBAI

E
F
G
H
1
2
3
4
5
6
6
Nikki Beach Dubai
22
21
La Mer
2 Etihad Museum
1 Mosquée de Jumeirah
27
14
11
28
17
Jumeirah Rd
Al-Wasl Rd
2nd of December St
Al-Hudhaiba Rd
JUMEIRAH 1
15
Satwa Roundabout
Dubai Street Museum
13
Al-Satwa Rd
Al-Satwa Rd
SATWA
2nd of December St
Sheikh Zayed Rd
Emirates Towers
World Trade Centre
Za'abeel Roundabout
2nd Za'abeel Rd
Financial Centre
FINANCIAL CENTRE

Voir

Mosquée de Jumeirah MOSQUÉE

1 PLAN P. 72, G3

Cet édifice ouvragé d'un blanc immaculé est l'une des plus belles mosquées de Dubaï et l'une des rares des Émirats ouvertes aux non-musulmans. Vous pourrez découvrir la mosquée dans le cadre des visites guidées d'une heure organisées par le Sheikh Mohammed Centre for Cultural Understanding (p. 58). Celles-ci se terminent par une dégustation de pâtisseries et une discussion ouverte sur l'islam et la culture émiratie. Il n'est pas nécessaire de réserver. Des vêtements traditionnels sont à disposition de qui ne porterait pas une tenue appropriée. Les appareils photo sont autorisés. (04 353 6666 ; www.cultures.ae ; Jumeirah Rd ; visites 20 AED ; visites 10h sam-jeu ; P ; M Emirates Towers, World Trade Centre)

Etihad Museum MUSÉE

2 PLAN P. 72, H3

Inauguré en janvier 2017, ce remarquable musée moderne retrace de façon attrayante la création des Émirats arabes unis en 1971, initiée par la découverte des gisements de pétrole dans les années 1950 et le retrait britannique en 1968. Films documentaires, photos, objets d'époque, frises chronologiques et installations interactives illustrent les grandes étapes qui ont précédé et suivi cet événement historique, rendant hommage aux sept pères fondateurs du pays. Sont également proposées des visites gratuites de la Union House voisine, bâtiment circulaire où fut signé l'accord. (04 515 5771 ; etihadmuseum.dubaiculture.ae ; Jumeirah St, Jumeirah 1 ; adulte/enfant 25/10 AED ; 10h-20h ; P ; M Al-Jafiliya)

Street art dans 2nd December St

En 2016, seize artistes urbains locaux et internationaux ont égayé les façades plutôt ternes de 2nd December St de peintures murales reflétant la culture bédouine dubaïote, transformant la rue en un saisissant musée à ciel ouvert, le **Dubai Street Museum** (plan p. 72, H4 ; 2nd December St, Satwa ; gratuit ; 24h/24 ; M Al-Jafiliya). *Emirati children* ("enfants émiratis") du Français Seth Globepainter, *Resting Falcon* ("faucon perché") du Chinois Hua Tunan, *Founding Fathers* ("pères fondateurs") de l'Émiratie Ashwaq Abdulla et *Old Man in Boat* ("vieil homme sur un bateau") de la Russe Julia Volchkova comptent parmi les plus belles fresque de l'ensemble.

Coupole de la mosquée de Jumeirah

Dubai Walls

ART PUBLIC

3 PLAN P. 72, C5

Plus d'une dizaine de grands artistes urbains internationaux, parmi lesquels Aiko, Blek le rat, ROA et Nick Walker, ont transformé le City Walk en musée d'art en plein air. Le projet fut financé par Meraas, promoteur de ce nouveau quartier branché. (City Walk ; gratuit ; 24h/24 ; M Burj Khalifa/Dubai Mall)

Green Planet

ZOO

4 PLAN P. 72, C5

Si on peut construire une piste de ski dans le désert, pourquoi pas une jungle humide ? C'est l'idée de Green Planet, véritable paradis tropical intérieur destiné à sensibiliser le public de manière ludique à la biodiversité, à la nature et à la durabilité. L'écosystème de quatre niveaux, aménagé autour d'un arbre factice couvert de véritables plantes, qui pousseront avec le temps, abrite plus de 3 000 espèces végétales et animales, dont oiseaux, papillons, grenouilles, araignées et serpents. (www.thegreenplanetdubai.com ; City Walk, Al-Madina St ; adulte/enfant 95/70 AED ; 10h-22h sam-mer, 10h-minuit jeu-ven ; P ; M Burj Khalifa/Dubai Mall)

Hub Zero

PARC D'ATTRACTIONS

5 PLAN P. 72, C5

Ce parc d'attractions intérieur est un véritable temple du divertissement high-tech. Le billet d'entrée donne accès à 18 animations hautes en couleurs : expériences de réalité virtuelle

Le Dubai Canal

Le 1er novembre 2016, les eaux furent relâchées dans le Dubai Canal (ou Dubai Water Canal), clôturant en beauté l'incroyable projet d'aménagement qui visait à relier l'embouchure du Creek au Golfe. Le Creek fut d'abord prolongé de 2,2 km jusqu'au nouveau quartier de Business Bay en 2007. En décembre 2013 démarrèrent les travaux sur le dernier tronçon de 3,2 km, qui part de Business Bay, passe sous Sheikh Zayed Road et traverse le Safa Park pour se jeter dans la mer au Jumeirah Beach Park.

Tandis que les tours finiront de s'élever dans le ciel de Business Bay (notamment celles de l'ultramoderne **Dubai Design District** ; p. 112), les rives du dernier tronçon, longées par une promenade, accueilleront résidences, boutiques-hôtels, cafés et marinas. Joyau du canal, la **cascade** illuminée déverse ses eaux des deux côtés du Sheikh Zayed Bridge de 19h à 22h, s'interrompant pour laisser passer les bateaux. Le **Dubai Ferry** circule plusieurs fois par jour entre la Al-Jaddaf Marine Station, à l'embouchure du Creek, et Jumeirah.

renversantes, manèges 3D dans le noir, cinéma 4D, simulateurs de course, laser games, labyrinthe laser... À l'étage, d'autres activités – karaoké, billard et jeux sur ordinateur les plus récents (40 postes) – sont disponibles en supplément. Les nostalgiques retrouveront des jeux d'arcade rétro comme Pac-Man et Space Invaders dans la Time Warp Arcade. (☎800 637 227 ; www.hubzerodubai.com/en ; City Walk, Jumeirah 1 ; forfait master/hacker/enfant 160/195/95 AED ; ⏲14h-22h sam-mer, 14h-minuit jeu-ven ; P 👪 ; M Burj Khalifa/Dubai Mall)

Nikki Beach Dubai — PLAGE

6 PLAN P. 72, H1

D'une blancheur immaculée, cette branche locale du célèbre club de plage de Miami s'est implantée dans la péninsule résidentielle de Pearl Jumeirah. Les nantis dubaïotes l'investissent le week-end pour s'ébattre dans la vaste piscine, se prélasser sur les banquettes, se gaver de fruits de mer et célébrer le coucher du soleil avec du mousseux. En semaine, le lieu est plus calme. (☎04 376 6162 ; www.nikkibeach.com/destinations/beach-clubs/dubai ; Pearl Jumeirah Island ; chaises longues sem/week-end 150/300 AED sur réservation ; ⏲11h-21h sept-juin ; P ; M Al-Jafiliya)

Mattel Play! Town — AIRE DE JEU

7 PLAN P. 72, C5

Dans cette ravissante aire de jeu intérieure, les tout-petits construisent une maison avec Bob le bricoleur, éteignent un incendie avec Sam le pompier, dansent devant un miroir magique avec Angelina Ballerina et traînent avec Thomas la locomotive. Pendant ce temps, leurs parents peuvent aller au café, déguster une salade ou des lasagnes. (800 637 227 ; www.playtowndubai.com ; City Walk ; adulte/enfant 55/95 AED ; 9h-18h sam-mer, 9h-20h jeu, 11h-20h ven ; ; M Burj Khalifa/Dubai Mall)

Wonder Bus Tours

BATEAU

8 PLAN P. 72, C3

Ces circuits touristiques originaux sont organisés plusieurs fois par jour. Au Mercato Mall, on monte à bord d'un bus amphibie jaune vif qui rejoint les eaux du Creek et navigue le long des quartiers historiques de Bur Dubai et de Deira, avant de retourner au centre commercial, le tout en l'espace d'une heure. (04 359 5656, 050 181 0553 ; www.wonderbusdubai.net ; Mercato Mall, Jumeirah Rd, Jumeirah 1 ; adulte/3-11 ans 170/120 AED ; M BurJuman)

Se restaurer

Logma

ÉMIRATI $$

9 PLAN P. 72, B4

Excellente introduction à la cuisine locale contemporaine, ce sympathique café, dont le nom signifie "bouchée" en arabe, est prisé pour ses petits-déjeuners. Au menu *baith tamat* (œufs brouillés au safran et à la tomate), salades saines (essayez la mozzarella-grenade) ou encore sandwichs au pain *khamir*. Côté boissons, préférez à l'habituel *latte* un *karak chai* (thé aux épices) sucré – péché mignon local – ou un milk-shake à la datte. (800 56462 ; www.logma.ae ; BoxPark, Al-Wasl Rd, Jumeirah 1 ; plats 60-70 AED ; 8h-1h ; ; 12, 15, 93, M Business Bay)

3 Fils

ASIATIQUE $$

10 PLAN P. 72, B3

Le chef singapourien Akmal Anuar prépare de petites assiettes d'influence asiatique,

La Mer

Encore partiellement en construction lors de nos recherches (fin des travaux prévue en 2018), **La Mer** (plan p. 72, F3 ; 800 637 227 ; www.lamerdubai.ae ; Jumeirah 1 ; gratuit ; 10h-minuit) est le dernier projet balnéaire de Dubaï. Le complexe comprendra boutiques, restaurants (goûtez les pâtisseries japonaises du Motomachi ou des en-cas locaux au Treej Cafe), une plage dotée de hamacs et un immense parc de jeux, avec notamment une aire de jeu gonflable. On peut déjà s'y promener et profiter librement du soleil.

simples mais innovantes. La salle comprend 25 places environ et une minuscule cuisine dans le coin ; essayez d'obtenir une table extérieure, donnant sur les yachts du port de plaisance. Une excellente alternative aux restaurants parfois un peu trop chics et onéreux de la ville. Pas d'alcool. Réservez le week-end. (☎056 273 0030 ; 3fils.com ; Jumeirah Fishing Harbour, Al-Urouba St, Jumeirah 1 ; assiettes à partager 22-75 AED ; 13h-23h lun-mer, 13h-minuit jeu-sam ; M Burj Khalifa/Dubai Mall)

THE One Cafe

INTERNATIONAL $

11 PLAN P. 72, G3

Un fabuleux traiteur à l'étage du magasin de décoration intérieure THE One, au cadre élégant et à la cuisine à la fois saine, légère et pleine de saveurs. Le petit-déjeuner, et ses délicieux œufs Bénédicte, est servi toute la journée. (☎600 541 007 ; www.theone.com ; Jumeirah Rd, Jumeirah 1 ; plats 39-55 AED ; 8h-20h ; ; M World Trade Centre)

Lima Dubai

PÉRUVIEN $$$

12 PLAN P. 72, C5

Lorsque Virgilio Martinez, chef étoilé au Michelin, a ouvert son avant-poste dubaïote, ce fut comme une petite révolution gastronomique. Sa cuisine est un hymne aux associations audacieuses. Un de ses plats signature marie poulpe braisé, lentilles vertes, crème de pommes de terre et olives de Kalamata.

Appel à la prière

Si vous séjournez près d'une mosquée, attendez-vous à vous faire réveiller vers 4h30 du matin par la plainte délicieusement envoûtante de l'*azan* (l'appel à la prière), si caractéristique des pays islamiques. Les musulmans prient cinq fois par jour : à l'aube, à midi, dans l'après-midi (lorsque l'ombre d'un objet est aussi longue que l'objet lui-même), au début du coucher du soleil et au crépuscule (lorsque la dernière lueur du soleil disparaît au-dessus de l'horizon). Les heures exactes sont indiquées dans les quotidiens et en ligne. Pour les prières, les musulmans ne sont pas obligés de rejoindre une mosquée ; ils peuvent prier là où ils se trouvent, en direction de La Mecque.

Votre repas s'accompagnera volontiers d'un délicieux pisco sour. (☎056 500 4571 ; www.limadubai.com ; City Walk, Jumeirah 1 ; plats 90-200 AED ; 🕑12h-1h sam-mar, 12h-2h mer-ven ; 📶 ; Ⓜ Burj Khalifa/Dubai Mall)

Ravi

PAKISTANAIS $

13 PLAN P. 72, H4

Depuis 1978, chauffeurs de taxi comme chefs professionnels affluent ici (photo ci-contre) pour se régaler de généreuses portions de viandes grillées ou de succulents curries à prix très doux. Quelques versions végétariennes sont disponibles. Service rapide, quoique froid. Près de Satwa Roundabout (rond-point). Espèces uniquement. (☎04 331 5353 ; Al-Satwa Rd, Satwa ; plats 8-25 AED ; 🕑5h-2h30 ; 🥕 ; Ⓜ World Trade Centre)

Lime Tree Cafe

CAFÉ $

14 PLAN P. 72, G3

Les expatriés occidentaux apprécient cet agréable café de style européen pour ses bons gâteaux (en particulier celui aux carottes), ses petits-déjeuners savoureux, ses sandwichs originaux (à base de *pide* turc maison), son poulet rôti et ses pâtes. À côté du Spinneys. (☎04 325 6325 ; www.thelimetreecafe.com ; Jumeirah Rd, Jumeirah 1 ; plats 24-40 AED ; 🕑7h30-18h ; 📶 🥕 ; Ⓜ World Trade Centre)

Al-Mallah

ARABE $

15 PLAN P. 72, H4

Les locaux raffolent du *chawarma* au poulet et des jus frais de cette gargote traditionnelle, dont les tables sont déployées dans une des rues les plus anciennes, les plus agréables et les plus vivantes de Dubaï. (☎04 398 4723 ; 2nd December St, Satwa ; sandwichs 7-15 AED ; 🕑6h-2h30 ; Ⓜ Al-Jafiliya)

Al-Fanar

ÉMIRATI $$

16 PLAN P. 72, C3

Vieille Land Rover garée au devant, plafond en roseau et serveurs en costume traditionnel : Al-Fanar joue la carte des Émirats à l'ancienne. Titillez vos papilles avec des classiques locaux tels que *magbous*, *salona* ou *harees* (sortes de porridge avec de la viande). Petit-déjeuner servi toute la journée. (04 344 2141 ; www.alfanarrestaurant.com ; 1er ét, Town Center Mall, Jumeirah Rd, Jumeirah 1 ; plats 42-68 AED ; midi-21h30 dim-mer, 12h-22h jeu, 9h-22h ven, jusqu'à 21h30 sam ; M Burj Khalifa/Dubai Mall)

Comptoir 102

CUISINE SAINE $$

17 PLAN P. 72, E3

Dans une belle villa, dotée d'un paisible patio à l'arrière, ce *concept café* fait partie intégrante d'un *concept store*, où vous pourrez aller dénicher toutes sortes d'articles pour la maison en guise de promenade digestive. La carte, qui change tous les jours, surfe sur la vague "local, bio et de saison" ; autant dire que gluten, sucre et produits laitiers en ont été bannis pour toujours. Large choix de desserts, de smoothies et de jus pleins de vitamines. En face du centre commercial Beach Centre. (04 385 4555 ; www.comptoir102.com ; 102 Jumeirah Rd, Jumeirah 1 ; plats 50-65 AED, repas 3 plats 90 AED ; 7h30-21h ; M Emirates Towers)

Ka'ak al-Manara

LIBANAIS $

18 PLAN P. 72, D3

Le *ka'ak*, pain plat au sésame, est un classique de la cuisine de rue libanaise. Ce sympathique petit stand, installé dans un centre commercial, en sert de toutes sortes : avec garniture sucrée ou salée, saupoudrés de *zaatar* ou de sumac, et grillés juste comme il faut. Essayez le classique au fromage Picon tartiné ou une spécialité fusion plus originale, comme le *ka'ak/fajita* au poulet. (04 258 2003 ; www.facebook.com/kaakalmanara ; 1er ét, Mercato Mall, Jumeirah Rd, Jumeirah 1 ; plats 18-32 AED ; 8h30-minuit sam-mer, 8h30-1h jeu-ven ; P ; M Burj Khalifa/Dubai Mall)

Prendre un verre

Grapeskin

BAR À VINS

19 PLAN P. 72, C5

Dans cet élégant bar à vins rustique à l'ambiance familiale, faites votre choix en fonction de votre humeur. La plupart des vins proviennent de petits vignobles et peuvent s'accompagner de délectables fromages, viandes et assiettes à partager. Détendez-vous sur la terrasse avec un narguilé ou mêlez-vous à la foule des expatriés à la *happy hour*, entre 18h et 20h. (04 403 3111 ; www.livelaville.com/dining/Grapeskin ; La Ville Hotel & Suites, City Walk, Al-Multaqa St, Jumeirah 1 ; 16h-1h dim-mer, 15h-1h jeu-sam ; M Burj Khalifa/Dubai Mall)

Acheter de l'alcool

"Peut-on acheter de l'alcool ?" est l'une des questions récurrentes des visiteurs. La réponse est "oui", à certains endroits.

Les touristes de plus de 21 ans sont autorisés à consommer de l'alcool dans des zones définies, comme les bars et les clubs des hôtels de style occidental. Ailleurs, seuls les titulaires d'une licence (qui n'est délivrée qu'aux résidents non musulmans) ont le droit d'acheter une quantité fixe d'alcool par mois, dans des magasins spéciaux comme African & Eastern et dans certains supermarchés Spinneys.

Les visiteurs non musulmans de plus de 18 ans qui arrivent par avion peuvent acheter 4 litres de spiritueux, de vin et de bière dans la boutique hors taxes de l'aéroport. Il est interdit de transporter de l'alcool sans licence, mais la loi est souvent ignorée.

Provocateur CLUB

20 PLAN P. 72, A3

Dans ce club ultrachic, la jeunesse dorée de Dubaï se retrouve sur des banquettes arrondies aux motifs floraux, sous un vortex de LED et sur fond de rythmes électro, hip-hop rétro et R'n'B mixés par des DJ de premier choix. Entrée très sélective (revêtez votre tenue la plus élégante) et consommations onéreuses. (055 211 8222, 04 343 8411 ; www.provocateurdubai.com ; Four Seasons Resort, Jumeirah Rd, Jumeirah 1 ; 23h-3h mer-ven et dim ; M Business Bay)

Club Boudoir CLUB

21 PLAN P. 72, G2

Très haut sur l'échelle du glamour, cette institution de la vie nocturne dubaïote attire du beau monde tout au long de la semaine. Certaines soirées sont consacrées exclusivement au hip-hop et au R'n'B, d'autres au *desi* (musique bollywoodienne). (04 345 5995 ; www.clubboudoirdubai.com ; Dubai Marine Beach Resort et Spa, Jumeirah Rd, Jumeirah 1 ; 22h-3h ; ; M World Trade Centre)

Sho Cho BAR, DISCOTHÈQUE

22 PLAN P. 72, G2

Un restaurant japonais certes, mais son irrésistible terrasse balayée par la brise du Golfe en fait surtout l'une des meilleures adresses de la ville pour siroter un cocktail corsé en soirée. (04 346 1111 ; www.sho-cho.com ; Dubai Marine Beach Resort & Spa, Jumeirah Rd, Jumeirah 1 ; 19h-3h dim-ven ; ; M World Trade Centre, Emirates Towers)

Shopping

City Walk CENTRE COMMERCIAL

23 PLAN P. 72, C4

Le plus récent quartier piétonnier de Dubaï comporte de nombreuses rues branchées, ainsi qu'un centre commercial contemporain au toit vitré. On y trouve plus de 60 boutiques, une trentaine de cafés et restaurants, un multiplexe de 10 salles, sans oublier le biodôme Green Planet et le centre de jeux Hub Zero, particulièrement appréciés des familles. (www.citywalk.ae ; Al-Safa Rd ; 10h-22h ; ; M Burj Khalifa/Dubai Mall)

Mercato Shopping Mall CENTRE COMMERCIAL

24 PLAN P. 72, D3

Avec "seulement" 140 magasins, le Mercato peut sembler petit pour Dubaï. Sa verrière, ses arcades en briques, son horloge géante et sa "piazza" bordée de cafés ont cependant de quoi relever sa cote. On y trouve des enseignes étrangères haut de gamme et un supermarché Spinneys. (04 344 4161 ; www.mercatoshoppingmall.com ; Jumeirah Rd, Jumeirah 1 ; 10h-22h ; M Financial Centre, Burj Khalifa/Dubai Mall)

BoxPark CENTRE COMMERCIAL

25 PLAN P. 72, A4

Inspiré du BoxPark londonien, ce centre commercial extérieur de 1,3 km de long, construit à partir de 220 conteneurs "surcyclés", apporte une touche de modernité urbaine dans le paysage commerçant de Dubaï. Une foule branchée, composée de nombreux habitants locaux, se presse dans ses *concept stores* originaux, ses cafés et restaurants éclectiques ainsi que ses lieux de divertissement, dont un cinéma avec projections à la demande. (800 637 227 ; boxpark.ae ; Al-Wasl Rd ; 10h-minuit ou plus tard ; ; M Business Bay)

Galleria Mall CENTRE COMMERCIAL

26 PLAN P. 72, B4

Le style arabe moderne de ce centre commercial est tout aussi attrayant que ses magasins. La première succursale émiratie de l'enseigne saoudienne d'articles pour la maison Cities y a pris ses quartiers, ainsi qu'une boutique de mode locale Zayan. Terminez votre séance shopping par un déjeuner sain au café sud-africain Tashas, ou par un goûter de délicieuses pâtisseries au Home Bakery. (04 344 4434 ; www.galleria-mall.ae ; Al-Wasl Rd ; 10h-minuit ; M Burj Khalifa/Dubai Mail)

S*uce MODE ET ACCESSOIRES

27 PLAN P. 72, F3

S*uce (prononcer "sauce") fut un pionnier dans le florissant milieu dubaïote de la mode et de l'art de vivre. Mêlez-vous aux fashionistas qui fouillent parmi les marques régionales et internationales comme Alice McCall, Bleach et

Fillyboo – pour certaines très rares hors de Dubaï.

D'autres enseignes S*uce – celle-ci étant la boutique d'origine – sont implantées au Dubai Mall, au The Beach at JBR et au Galleria Mall. (04 344 7270 ; www.shopatsauce.com ; rdc, Village Mall, Jumeirah Rd ; 10h-22h sam-jeu, à partir de 16h ven ; M Emirates Towers)

O-Concept

MODE ET ACCESSOIRES

28 PLAN P. 72, G3

Les modeux en quête de T-shirts, robes, jeans et autres vêtements et accessoires casual chic ont fait leur quartier général de ce café-boutique tendance, au sol en béton ciré et aux conduites couvertes de feuilles d'or.

Le **café** propose de délicieux cappuccinos et des pâtisseries sans sucre, sans lactose et sans gluten, étonnamment bonnes. (04 345 5557 ; www.facebook.com/Oconceptstore ; Al-Hudheiba Rd, Jumeirah 1; 10h-22h ; ; M World Trade Center)

Urbanist

ARTICLES POUR LA MAISON

29 PLAN P. 72, A4

Un couple syrien est aux manettes de cet espace de style industriel branché, agrémenté de meubles anciens et de miroirs au cadre nacré. Soigneusement sélectionnés, les articles exposés s'inspirent à la fois de la tradition et de la modernité, des goûts occidentaux et orientaux.
Des petites boucles d'oreilles en or, aux tuniques ou aux tabourets en forme de fez : tout ici est marqué d'une certaine touche originalité. (04 348 8002 ; www.facebook.com/Urbaniststore ; BoxPark, Al-Wasl Rd ; 10h-22h dim-jeu, 10h-minuit ven-sam ; M Business Bay)

Typo

PAPETERIE

30 PLAN P. 72, A4

Ceux qui préfèrent encore prendre des notes sur papier trouveront ici des carnets de toutes formes, de tous styles et de toutes tailles, aux côtés d'autres articles sympathique et fonctionnels, parmi lesquels des trousses et des étuis pour téléphone portable.

Plusieurs succursales à travers la ville, notamment au Dubai Mall et au Deira City Centre. (04 385 6631 ; typo.com ; BoxPark, Al-Wasl Rd ; 10h-22h dim-jeu, 10h-minuit ven-sam ; M Business Bay)

Zoo Concept

SOUVENIRS

31 PLAN P. 72, B4

Dans ce *concept store* du BoxPark, les petites enseignes locales côtoient les marques internationales. Ici, vous trouverez de tout : des assiettes aux motifs de panda, des poupées Coco Chanel tricotées et toutes sortes d'autres articles aussi originaux qu'improbables.

Présence de succursales au Dubai Mall et au Souk Al-Bahar. (04 349 5585 ; Shop M08-01 BoxPark, Al-Wasl Rd, Jumeirah 2 ; 10h-22h dim-jeu, 10h-minuit ven-sam ; ; 12, 15, 93, M Burj Khalifa/Dubai Mall)

Explorer

Burj al-Arab et Madinat Jumeirah

Le Burj al-Arab est la figure de proue de cette belle portion de côte, sillonnée des canaux du Madinat Jumeirah, surnommée la "Venise d'Arabie".

Même si vous ne séjournez pas dans un hôtel chic au bord du Golfe, les diverses installations sur les plages publiques, comme celles des fabuleuses Kite Beach et Sunset Beach, vous permettront de pratiquer des sports nautiques et de goûter des spécialités de rue du monde entier.

À des années-lumière des souks chaotiques et poussiéreux, le souk Madinat Jumeirah est un dédale de passages raffinés et climatisés sous un toit en bois sculpté, baignés dans une atmosphère de Mille et Une Nuits. Si vous préférez les centres commerciaux, éloignez-vous de la côte pour rejoindre les boutiques de mode chics du Mall of the Emirates, et profitez-en pour descendre quelques pistes au Ski Dubai, les "Alpes du désert".

Comment y aller et circuler

Ⓜ Pour Burj al-Arab, Madinat Jumeirah et Sunset Beach, descendez à **Mall of the Emirates**.

Ⓜ Pour Kite Beach, allez jusqu'à **Noor Bank**.

Prenez un taxi jusqu'à votre destination finale.

Plan de Burj al-Arab et Madinat Jumeirah p. 92

Madinat Jumeirah (p. 86) SEQOYA/SHUTTERSTOCK ©

Les incontournables
Madinat Jumeirah

Version contemporaine d'un village arabe traditionnel, le Madinat Jumeirah est agrémenté d'un souk, de canaux bordés de palmiers et de villas aux couleurs du désert. Le cadre est particulièrement romantique le soir, lorsque les jardins de bougainvilliers sont illuminés de mille feux. Au cœur du quartier, le souk Madinat Jumeirah rassemble dans son réseau de passages encadrés de bois des boutiques et des restaurants donnant sur les canaux.

PLAN P. 92, C3

04 366 8888

www.jumeirah.com

King Salman Bin Abdul Aziz al-Saud St, Umm Suqeim 3

M Mall of the Emirates

Souk Madinat Jumeirah

Ce labyrinthique **bazar** (photo ci-contre ; ☎04 366 8888 ; www.jumeirah.com ; King Salman Bin Abdul Aziz al-Saud St, Umm Suqeim 3 ; ⏲10h-23h ; 📶) n'a pas l'authenticité d'un marché arabe traditionnel, mais on y trouve des objets d'artisanat et des souvenirs de qualité, ainsi que nombre de cafés, bars et restaurants, les plus agréables donnant sur les canaux et le Burj al-Arab.

Une excursion en abra

Lors de cette **excursion** (☎04 366 8888 ; www.jumeirah.com ; souk Madinat Jumeirah ; adulte/enfant 85/50 AED ; ⏲10h-23h nov-avr, 11h-23h mai-oct) de 20 minutes à bord d'un *abra* (bateau-taxi en bois) de style traditionnel, le désert vous semblera bien loin à mesure que défileront les jardins de bougainvilliers, de bananiers et de palmiers. Les bateaux partent du front de mer du souk Madinat Jumeirah. Il n'est pas indispensable de réserver.

Observation des tortues

L'organisation à but non lucratif **Dubai Turtle Rehabilitation Project** (www.facebook.com/turtle.rehabilitation), basée au Jumeirah al-Naseem Resort, a soigné plus de 560 tortues marines blessées ou malades. Avant d'être relâchées dans le Golfe, elles passent leurs dernières semaines dans le lagon du complexe hôtelier alimenté par la mer, ouvert au public tous les jours. Assistez au nourrissage le mercredi, à 11h.

Le brunch du vendredi

Une véritable tradition, en particulier parmi les expatriés occidentaux. Les brunchs des hôtels Al-Qasr et Mina A'Salam sont réputés pour leur incroyable abondance de délices : agneau rôti, sushis, poissons et fruits de mer préparés à la commande, ainsi que de belles salades.

★ À savoir

- Si vous logez dans un hôtel du Madinat Jumeirah ou mangez dans un restaurant du quartier, la navette en *abra* est gratuite.
- Pour la plupart des restaurants, vous devez réserver votre déjeuner ou votre brunch au moins une semaine à l'avance.
- Nombre de bars du Madinat Jumeirah proposent des *happy hours* assez avantageuses.
- Des plans du quartier sont disponibles dans plusieurs points d'information.

✕ Une petite pause ?

Au coucher du soleil, prenez un verre sur la terrasse ornée de tapis du **Bahri Bar** (p. 98) et profitez de la vue sur le Burj al-Arab.

Réservez tôt vos fruits de mer au sophistiqué **Pierchic** (p. 96), donnant sur le Madinat Jumeirah et le Burj al-Arab.

Vaut le détour

Burj al-Arab

Dans les années 1990, le cheikh de Dubaï a donné carte blanche à l'architecte Tom Wright pour concevoir un monument au style unique, qui servirait d'emblème au petit émirat du Golfe. La facture finale s'est élevée à 1,5 milliard de dollars, mais le pari est réussi, puisque le somptueux Burj al-Arab, inspiré de la voile gonflée d'un boutre, est aujourd'hui à Dubaï ce que la tour Eiffel est à Paris.

PLAN P. 92, D2

04 301 7777

www.burj-al-arab.com

près de Jumeirah Rd, Umm Suqeim 3

M Mall of the Emirates

Architecture

Avec 60 étages sur 321 m, le Burj était l'hôtel le plus haut du monde au moment de son inauguration. L'architecte britannique Tom Wright a conçu l'emblématique façade en fibre de verre diaphane de sorte à ce qu'elle serve de bouclier contre la chaleur irradiante du désert pendant la journée, et de miroir au soleil couchant.

Intérieur

L'élégante simplicité de la façade contraste avec le faste de l'intérieur, dont la conception fut confiée à l'architecte sino-britannique Khuan Chew. Dès l'entrée dans l'immense hall, foisonnement de feuilles d'or, lustres en cristal, tapis faits main, fontaines, colonnes et autres éléments somptueux vous en mettent plein la vue. Une partie des 24 000 m^2 de marbre provient de la carrière utilisée par Michel-Ange à son époque.

Effet d'optique

Vu de la mer, le "mât" qui soutient la voile dessinée par la silhouette du Burj al-Arab prendrait la forme d'une croix, la plus grande du Moyen-Orient. La découverte de cet élément inattendu amena la controverse en terre musulmane, mais il était trop tard pour redessiner la tour, d'ores et déjà emblématique de Dubaï. En montant à bord d'un bateau de location, vous pourrez vous faire votre propre idée. Les dimensions sont impressionnantes.

Thé avec vue

Le cocktail ou l'*afternoon tea* au **Skyview Bar** (☎04 301 7600 ; www.burjalarab.com ; ⌚13h-2h sam-jeu, 19h-2h ven), capsule accrochée au 27e étage de l'édifice, est une étape figurant au programme de nombreux visiteurs, prêts à y mettre le prix. Réservation indispensable.

★ À savoir

- Si vous ne séjournez pas au Burj, vous devrez réserver un cocktail, un *afternoon tea* ou un repas pour passer le contrôle de sécurité dans le hall (un montant de dépense minimum s'applique ; consultez le site Internet).
- Chez **Nathan Outlaw at Al-Mahara** (p. 97), poisson et fruits de mer se dégustent assis près d'un aquarium circulaire géant : table à réserver pour un dîner hors du commun.

✕ Une petite pause ?

Pour une vue romantique sur le Burj, rejoignez un bar du Madinat Jumeirah comme le **Bahri Bar** (p. 98).

Promenade à pied

Tournée des galeries dans Alserkal Avenue

Les galeries les plus avant-gardistes de la scène artistique dubaïote sont concentrées à **Alserkal Avenue** (www.alserkalavenue.ae ; 17th St, Al-Quoz 1 ; Ⓜ Noor Bank, FGB), *ensemble d'entrepôts de la zone industrielle d'Al-Quoz, à l'est de Sheikh Zayed Rd, projet du promoteur et mécène Abdelmonem bin Eisa Alserkal. Quelques cafés ajoutent à l'atmosphère artiste.*

La promenade :

Départ Tom & Serg

Arrivée Salsali Private Museum

Distance 3 km

Durée aussi longtemps qu'il vous plaira

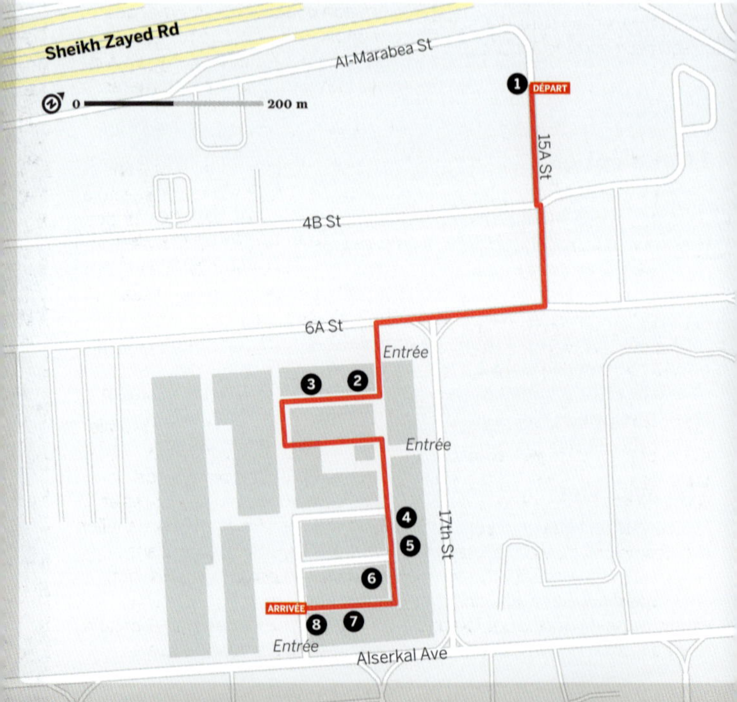

❶ Tom & Serg

Prenez des forces avec des œufs Bénédicte, du poulet à la marocaine ou un délicieux hamburger dans ce vaste **café** (www.tomandserg.com ; Al-Joud Center, 15A St ; plats 37-79 AED ; 8h-16h dim-jeu, 8h-18h ven-sam ;) de style industriel, avec cuisine ouverte.

❷ The Third Line

Galerie phare de Dubaï depuis 2005, **The Third Line** (www.thethirdline.com ; Warehouse 78/80 ; 10h-19h sam-jeu) présente régulièrement des artistes émiratis aux collectionneurs et amateurs d'art dans des salons prestigieux comme Art Basel.

❸ Mirzam Chocolate Makers

Mirzam (www.mirzam.com ; Warehouse 70 ; 10h-19h sam-jeu ;) dirige une chocolaterie à la "Willy Wonka", où les visiteurs peuvent voir toutes les étapes de production, de la torréfaction au conditionnement manuel. Faites un tour dans la boutique pour goûter le produit fini. Des ateliers de dégustation gratuits sont organisés le week-end. Inscrivez-vous sur le site Internet.

❹ Leila Heller Gallery

Cette prestigieuse **galerie new-yorkaise** (www.leilahellergallery.com ; Warehouse 87 ; 10h-19h sam-jeu) favorise le dialogue culturel entre artistes occidentaux, moyen-orientaux, et asiatiques. À son palmarès figurent notamment Tony Cragg et l'artiste pakistanais Rashid Rana.

❺ Fridge

Cette **agence artistique** (www.thefridgedubai.com ; Warehouse 5) organise une série de concerts très appréciés (généralement le vendredi) qui mettent en vedette des talents locaux encore méconnus.

❻ Gallery Isabelle van den Eynde

Institution de la scène artistique dubaïote depuis 2006, cette **galerie** (www.ivde.net ; Warehouse 17 ; 10h-19h sam-jeu) soutient de jeunes talents novateurs de la région et accueille souvent des expositions avant-gardistes. Hassan Sharif et Bita Fayyazi font notamment partie du palmarès.

❼ Ayyam Gallery

Cette galerie (www.ayyamgallery.com ; Unit B11 ; 10h-18h sam-jeu) a pour vocation de promouvoir des artistes émergents du Moyen-Orient et de présenter leurs œuvres souvent provocantes, féministes et politiquement engagées à un plus large public.

❽ Salsali Private Museum

Ramin Salsali a acheté son premier tableau à 21 ans. Il possède aujourd'hui une collection de quelque 800 toiles, sculptures et installations, dont un bel échantillon est exposé gratuitement dans son **musée privé** (www.salsalipm.com ; Warehouse 14 ; 11h-16h dim-jeu) pour inspirer la prochaine génération d'amateurs d'art.

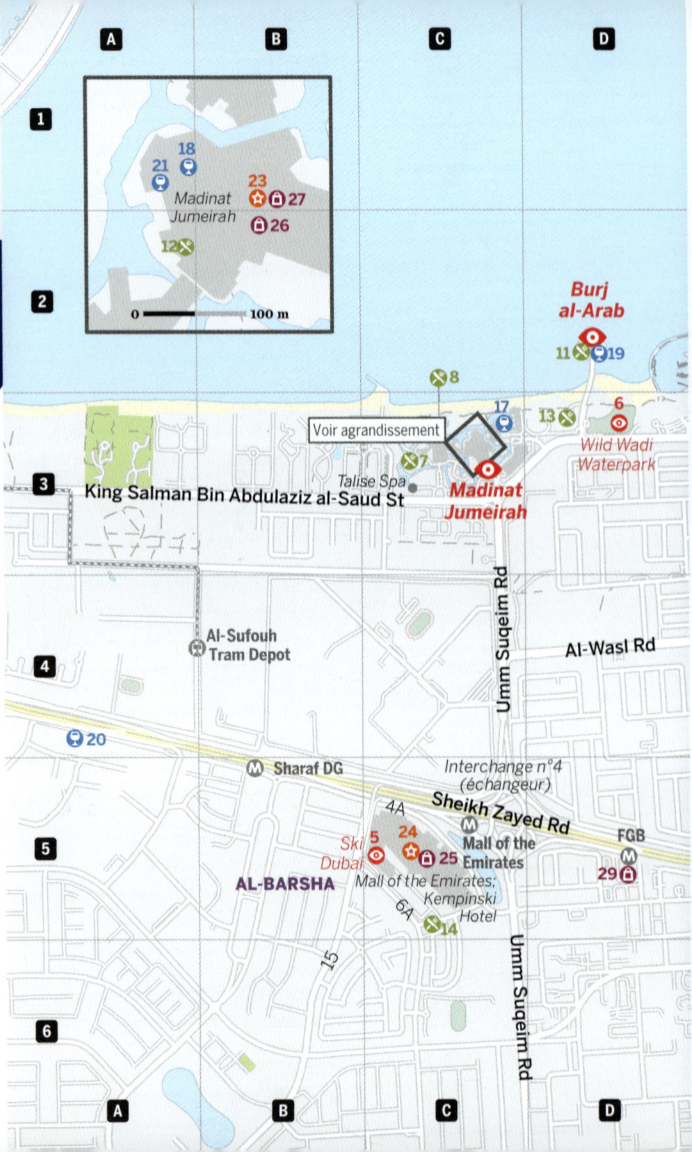
A
B
C
D
1
2
3
4
5
6
18
21
23
27
26
12
Madinat Jumeirah
0
100 m
Burj al-Arab
11
19
8
17
6
13
Voir agrandissement
Wild Wadi Waterpark
7
Talise Spa
Madinat Jumeirah
King Salman Bin Abdulaziz al-Saud St
Umm Suqeim Rd
Al-Sufouh Tram Depot
Al-Wasl Rd
20
Sharaf DG
Interchange n°4 (échangeur)
Sheikh Zayed Rd
4A
Mall of the Emirates
FGB
Ski Dubai
5
24
25
29
AL-BARSHA
Mall of the Emirates; Kempinski Hotel
6A
14
15
Umm Suqeim Rd

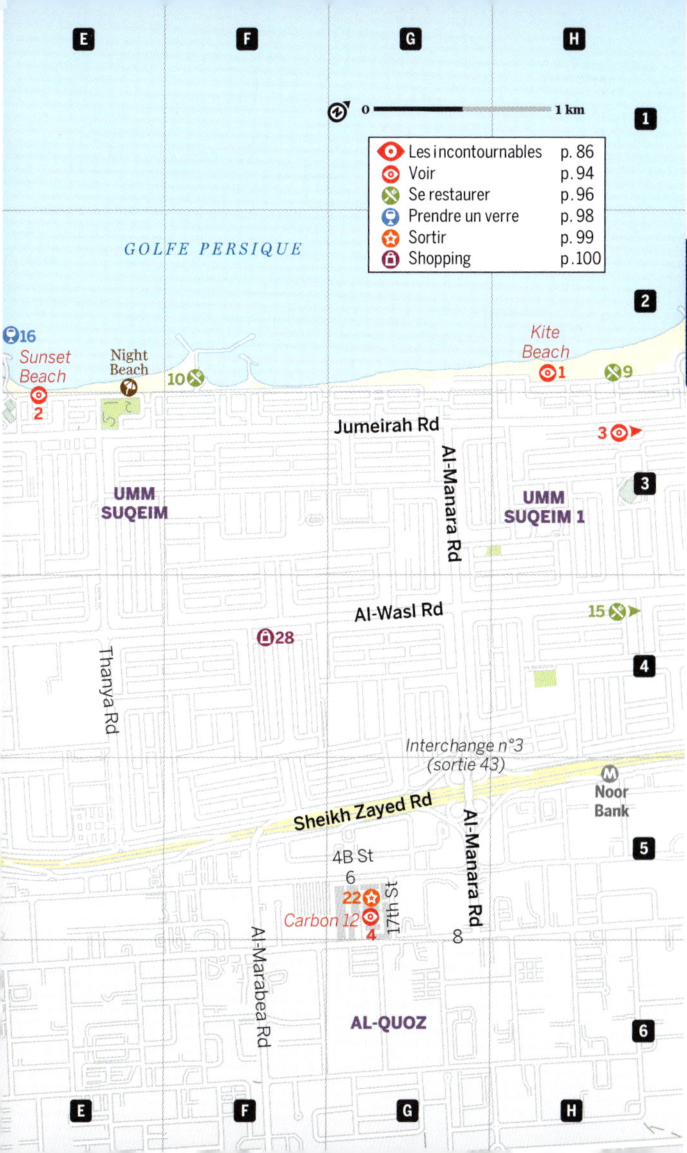
E
F
G
H
0
1 km
Les incontournables p. 86
Voir p. 94
Se restaurer p. 96
Prendre un verre p. 98
Sortir p. 99
Shopping p. 100
GOLFE PERSIQUE
16
Sunset Beach
2
Night Beach
10
Kite Beach
1
9
3
Jumeirah Rd
Al-Manara Rd
UMM SUQEIM
UMM SUQEIM 1
Al-Wasl Rd
15
28
Thanya Rd
Interchange n°3 (sortie 43)
Noor Bank
Sheikh Zayed Rd
4B St
6
22
Carbon 12
4
17th St
8
Al-Marabea Rd
AL-QUOZ
1
2
3
4
5
6

Voir

Kite Beach PLAGE

1 PLAN P. 92, H2

De nombreuses activités sont proposées sur cette superbe étendue de sable blanc (à côté d'une mosquée, près de Jumeirah Rd) : kitesurf, foot sur savon, beach-tennis, beach-volley et canoë-kayak, entre autres. On profite aussi sur place de douches, toilettes, vestiaires, Wi-Fi, *food trucks* et cafés, ainsi que d'une belle vue sur le Burj al-Arab. Le lieu est très fréquenté les vendredi et samedi, les jours du marché d'artisanat et de souvenirs. (Sheikh Hamdan Beach ; 2C St, près de Jumeirah Rd, derrière le centre commercial Saga World, Umm Suqeim 1 ; entrée libre ; lever-coucher du soleil ; M Noor Bank)

Sunset Beach PLAGE

2 PLAN P. 92, E3

Faites des envieux en prenant un selfie sur cette large bande de sable située juste au nord du Jumeirah Beach Hotel, avec le Burj al-Arab en toile de fond. D'excellentes infrastructures sont disponibles sur place (toilettes, douches, cabines, Wi-Fi via Smart Palms), et un court tronçon de plage éclairé le soir permet la baignade nocturne.

Sunset Beach est par ailleurs la dernière plage où l'on peut surfer. Ses vagues, petites et moyennes, sont idéales pour les débutants. Un peu en retrait sur la terre ferme, le paisible Umm Suqeim Park comprend de belles pelouses et une aire de jeu. (Umm Suqeim Beach ; Umm Suqeim 3 ; entrée libre ; ; M FGB, Mall of the Emirates)

Majlis Ghorfat Um al-Sheif BÂTIMENT HISTORIQUE

3 PLAN P. 92, H3

Rare vestige de la période prépétrolière, cet édifice traditionnel de deux niveaux en corail et gypse fut construit comme résidence d'été pour le cheikh Rachid ben Saïd al-Maktoum, père de l'actuel cheikh Mohammed. La demeure est coiffée d'un toit en feuilles de palmiers, d'une tour à vent et de volets sculptés en bois d'Afrique de l'Est. Le *majlis* lui-même, orné de tapis, de fusils, de poignards, de cafetières, de radios et d'horloges, donne une idée du cadre de vie royal. Le jardin de palmiers comprend un système d'irrigation traditionnel *falaj*. (04 226 0286 ; près d'Al-Mehemal St et d'Al-Bagaara St, Jumeirah 3 ; adulte/enfant 3/1 AED ; 7h30-14h30 dim-jeu ; M Business Bay, Noor Bank)

Carbon 12 GALERIE

4 PLAN P. 92, G5

Cet espace minimaliste blanc est une fenêtre sur la scène artistique émiratie pour les artistes étrangers confirmés. Certains sont d'origine moyen-orientale, comme la New-Yorkaise née à Téhéran Sara Rahbar, dont les œuvres textiles ont rejoint le British

Museum. (04 340 6016 ; www.carbon12dubai.com ; Warehouse 37, Alserkal Avenue, Al-Quoz 1 ; 11h30-19h sam-jeu ; M Noor Bank, FGB)

Ski Dubai

SKI

5 PLAN P. 92, C5

Skier dans le désert ? À Dubaï, c'est possible. Peu importe s'il fait 45°C dehors ; réfugiez-vous dans la fraîcheur du Mall of the Emirates pour revêtir gants et bonnet et traverser en télésiège la féerie d'un paysage alpin. Première station de ski intérieure du Moyen-Orient, inaugurée en 2005, Ski Dubai attire expatriés en manque de glisse, touristes curieux et habitants de la région qui n'ont jamais vu la neige. (numéro gratuit 800 386 ; www.theplaymania.com/skidubai ; Mall of the Emirates, Sheikh Zayed Rd, Al-Barsha ; forfait ski journalier adulte/enfant 310/285 AED, snow park 210 AED ; 10h-23h dim-mer, 10h-minuit jeu, 9h-minuit ven, 9h-23h sam ; ; M Mall of the Emirates)

Wild Wadi Waterpark

PARC AQUATIQUE

6 PLAN P. 92, D3

Une pléthore d'attractions à sensations fortes : montagnes russes aquatiques (Master Blaster), toboggan à chute libre en tandem (Jumeirah Sceirah), tourbillons (Tantrum Alley) et bien d'autres. Les moins aventureux pourront se détendre dans la "rivière", pendant que les enfants s'amuseront dans l'aire de jeu aquatique, avec petits toboggans, pistolets à eau et seau arroseur. (04 348 4444 ;

Sunset Beach

VIVEK BR/SHUTTERSTOCK ©

Baignade nocturne

Que diriez-vous d'une baignade nocturne avec en toile de fond l'étincelant Burj al-Arab ? C'est possible depuis mai 2017, le long des 125 m de **plage** (plan p. 92, E2 ; Umm Suqeim 1 Beach ; gratuit ; coucher du soleil-minuit ; M FGB) situés à 1 km environ au nord du monument emblématique. Éclairée par de hauts projecteurs à énergie solaire et éolienne (les "Smart Power Poles"), la rive est surveillée en permanence par des maîtres-nageurs.

www.wildwadi.com ; Jumeirah Rd, Jumeirah 3 ; plus/moins de 1,10 m 310/260 AED ; 10h-18h nov-fév, 10h-19h mars-oct ; ; M Mall of the Emirates)

Se restaurer

Pai Thai

THAÏLANDAIS **$$$**

7 PLAN P. 92, C3

Balade en *abra*, table en bord de canal et dîner aux chandelles : voilà un trio parfait pour une soirée romantique. Vous garderez un très bon souvenir des mets thaïlandais assaisonnés à la perfection, comme les fruits de mer au wok ou le bar à la vapeur. Il est recommandé de réserver au plus tôt. (04 432 3232 ; www.jumeirah.com ; Madinat Jumeirah, King Salman Bin Abdul Aziz al-Saud St, Umm Suqeim 3 ; plats 55-175 AED ; 12h30-14h15 ven-sam, 18h-23h15 ; ; M Mall of the Emirates)

Pierchic

FRUITS DE MER **$$$**

8 PLAN P. 92, C2

Vous cherchez le lieu idéal pour votre demande en mariage ? Vous ne trouverez pas plus romantique que cette maison au bout d'une jetée en bois, donnant directement sur le Burj al-Arab et le Madinat Jumeirah. La carte est à la hauteur du cadre, avec d'innombrables mets superbement préparés. Réservez bien à l'avance. (04 432 3232 ; www.jumeirah.com ; Madinat Jumeirah, King Salman Bin Abdul Aziz al-Saud St, Umm Suqeim 3 ; plats 125-450 AED ; 12h30-15h et 18h-23h sam-mer, 12h30-15h et 18h-23h30 jeu-ven ; ; M Mall of the Emirates)

Salt

HAMBURGERS **$**

9 PLAN P. 92, H2

Le Salt se présente sous forme de deux *food truck* itinérants, des Airstream gris métallisé, stationnés de manière permanente sur Kite Beach. Commandez (attendez-vous à faire la queue), puis dégustez vos délicieux petits hamburgers (*sliders*) à une table en palettes ou, si le soleil tape fort, dans le cube vitré climatisé. (www.find-salt.com ; 2C St, Kite Beach, Umm Suqeim 1 ; hamburgers 30-50 AED ; 11h-2h ; ; M Noor Bank)

Bu Qtair POISSON ET FRUITS DE MER $$

10 PLAN P. 92, F2

Institution dubaïote, cette gargote est très réputée pour son poisson et ses crevettes fraîchement pêchés, marinés dans un curry masala "secret" préparé sur commande. Approchez-vous de la fenêtre, montrez du doigt ce que vous désirez et attendez (environ 30 minutes) que l'on vienne vous servir à table. Prix au poids. (055 705 2130 ; près de 2B St, Umm Suqeim Fishing Harbour, Umm Suqeim 1 ; repas 40-125 AED ; 12h-23h30 ; P ; M Noor Bank, FGB)

Nathan Outlaw at Al-Mahara POISSON ET FRUITS DE MER $$$

11 PLAN P. 92, D2

Un ascenseur vous dépose dans un tunnel couvert de feuilles d'or, au bout duquel se trouve l'un des restaurants les plus extravagants de Dubaï. Les tables entourent un immense aquarium circulaire où évoluent poissons-clowns et bébés requins. Ici, d'excellents poissons et fruits de mer – importés du Royaume-Uni – sont servis avec une habile simplicité dans les assiettes.

Tenue correcte exigée. Les enfants de moins de 12 ans ne sont malheureusement pas les bienvenus pour le dîner. (04 301 7600 ; almaharadubai.com ; 1er ét, Burj al-Arab, Umm Suqeim 3 ; plats 240-500 AED, menu dégustation 950 AED ; 12h30-15h30 et 19h-23h30 ; P)

The Meat Co STEAKS $$$

12 PLAN P. 92, A2

Cédez à votre instinct carnivore avec une succulente pièce de viande maturée : entre autres choix, bœuf angus australien nourri au grain, bœuf Néo-Zélandais nourri à l'herbe, disponible en petite (200 g) et grande portions (300 g). Réservez pour obtenir une table côté canal avec vue sur le Burj al-Arab. Sinon, installez-vous dans la salle au mobilier de bois sombre. (04 368 6040 ; www.themeatco.com ; Souk Madinat Jumeirah, King Salman Bin Abdul Aziz al-Saud St, Umm Suqeim 3 ; plats 165-390 AED ; 12h-23h45 sam-mer, 12h-0h30 jeu-ven ; P ; M Mall of the Emirates)

Rockfish POISSON ET FRUITS DE MER $$$

13 PLAN P. 92, D3

Un restaurant chic, mais loin d'être guindé, avec une salle blanc et argent et une terrasse sur le sable offrant une vue imprenable sur le Burj al-Arab. La succincte carte de style méditerranéen commence par des *crudo* (produits de la mer crus), se poursuit avec des soupes et des salades, et atteint son point d'orgue avec des délices marins aux influences arabes. (04 366 7640 ; www.jumeirah.com ; Jumeirah al-Naseem, King Salman Bin Abdul Aziz al-Saud St, Umm Suqeim 3 ; plats 65-175 AED ; 8h-11h, 12h30-15h30 et 18h30-23h30 ; P ; 81, M Mall of the Emirates)

Al-Amoor Express

ÉGYPTIEN $

14 PLAN P. 92, C5

Sous l'œil bienveillant d'acteurs égyptiens en photos noir et blanc épinglées sur les murs, les habitués viennent ici déguster leur *kochari* (riz, macaronis et "porridge" de lentilles). Mais il est bien plus amusant de commander un *fitir* (tourte au fromage, aux légumes ou à la viande), ne serait-ce que pour admirer le boulanger lancer et faire habilement tourner sa pâte derrière le comptoir.

Les falafels valent aussi qu'on en commande une assiette. (04 347 0787 ; Halim St, Al-Barsha 1 ; plats 10-56 AED ; 7h30-2h ; M Mall of the Emirates)

BookMunch Cafe

CAFÉ $

15 PLAN P. 92, H4

Jeunes et moins jeunes lecteurs apprécieront cette ravissante librairie-café, qui propose un fabuleux choix de livres pour enfants en plusieurs langues. Sur la carte gastronomique plutôt originale se démarquent particulièrement les crevettes gingembre-piment-caramel, la salade de kalé et de fraises, et une tarte tatin traditionnelle. Petit-déjeuner servi toute la journée. (04 388 4006 ; www.bookmunchcafe.com ; Al-Wasl Sq, Al-Wasl Rd ; plats 38-68 AED ; 7h30-22h dim-mer, 8h-22h30 jeu-sam ; ; M Business Bay)

Prendre un verre

Bahri Bar

BAR

17 PLAN P. 92, C3

Terrasse agrémentée de tapis persans et de fauteuils confortables, offrant une vue magique sur les canaux du Madinat Jumeirah et le Burj al-Arab, en-cas de bistrot raffinés et concerts ou DJ (jazz et soul) font de ce bar chic à la séduisante décoration arabe une adresse de prédilection des Dubaïotes comme des visiteurs. (04 432 3232 ; www.jumeirah.com ; Mina A'Salam, Madinat Jumeirah, King Salman Bin Abdul Aziz al-Saud St, Umm Suqeim 3 ; 16h-2h sam-mer, 16h-3h jeu-ven ; ; M Mall of the Emirates)

Gold on 27

BAR À COCKTAILS

19 PLAN P. 92, D2

Un bar tout scintillant d'or, juché au 27e étage du Burj al-Arab. Des ingrédients inattendus entrent dans la composition de nombreux cocktails signature, inspirés des traditions et des monuments locaux. Le Light Sweet Crude, par exemple, associe du whisky à des pointes de foie gras et d'huile de truffe infusée au charbon. Prix assez élevés, presque autant que le le cadre. Réservation indispensable. (04 301 7600 ; www.goldon27.com ; Burj al-Arab, Umm Suqeim 3 ; 18h-2h ; ; M Mall of the Emirates)

Casa Latina

BAR

20 PLAN P. 92, A4

Avec son esprit alternatif, ses box éclairés à la bougie, ses boissons bon marché et ses soirées mensuelles tendance (Bad House Party, avec des groupes punk indé éclectique, et Bassworx, superbe session de *drum and bass*), ce bar à thème cubain attire une clientèle davantage intéressée par la musique que par le cadre, par ailleurs assez élégant et épuré. *Happy hour* de 18h à 20h. (04 399 6699 ; www.facebook.com/pg/Casalatinaofficialpage ; rdc, Ibis Hotel Al-Barsha, Sheikh Zayed Rd, Al-Barsha 1 ; 18h-2h ; ; M Sharaf DG)

Folly by Nick & Scott

BAR

21 PLAN P. 92, A1

La dernière folie de Nick Alvis et de Scott Price a pris la forme de ce vaste établissement de plusieurs étages, comprenant une salle toute en boiseries dotée d'une cuisine ouverte et, surtout, trois bars offrant une vue époustouflante sur le Burj al-Arab. Des en-cas de qualité (45-110 AED) accompagnent les cocktails, les bières et les vins biodynamiques. (04 430 8535 ; www.facebook.com/follydubai ; Souk Madinat Jumeirah, King Salman Bin Abdul Aziz al-Saud St, Umm Suqeim 3 ; 12h-14h30 et 17h-23h dim-jeu, 12h-15h30 et 17h-23h ven-sam ; ; M Mall of the Emirates)

Sortir

Cinema Akil

CINÉMA

22 PLAN P. 92, G5

Jusque-là itinérante, cette plateforme dynamique, dédiée depuis 2014 à l'approvisionement des cinéphiles dubaïotes en films indépendants du monde entier, s'est finalement fixée à Alserkal Avenue. Les projections sont souvent suivies d'une session de questions-réponses avec le réalisateur du film. (www.cinemaakil.com ; Alserkal Avenue, Al-Quoz 1)

Madinat Theatre

THÉÂTRE

23 PLAN P. 92, B1

La programmation de ce petit théâtre de presque

Yoga sur la plage

Si vous êtes tenté par une salutation au soleil en face du Burj al-Arab, des séances de yoga (95 AED) sont organisées chaque jour au coucher du soleil par le **Talise Spa** (plan p. 92, C3 ; 04 366 6818 ; www.jumeirah.com ; Al-Qasr Hotel, Madinat Jumeirah ; 9h-22h ; M Mall of the Emirates) sur la plage privée du Madinat Jumeirah. Pour une expérience encore plus forte, participez au Full Moon Yoga (99 AED) si vous êtes à Dubaï pendant la pleine lune.

500 places, installé dand le souk Madinat Jumeirah, cible principalement les expatriés britanniques. La programmation est naturellement composée de grands succès du West End londonien, mais aussi de stand-up, de comédies musicales entraînantes, de ballet russe et de spectacles pour enfants. (☎04 366 6546 ; www.madinattheatre.com ; Souq Madinat Jumeirah, King Salman Bin Abdul Aziz al-Saud St, Umm Suqeim 3 ; Ⓜ Mall of the Emirates)

Dubai Community Theatre & Arts Centre — THÉÂTRE

24 PLAN P. 92, C5

Ce lieu culturel dynamique et éclectique accueille, entre autres, pièces de Shakespeare, concerts de musique classique, comédies musicales bollywoodiennes, spectacles folkloriques arabes et expositions artistiques. Les talents émiratis y étant particulièrement encouragés, c'est un bon endroit pour découvrir la production artistique locale. (DUCTAC ; ☎04 341 4777 ; www.ductac.org ; 2e ét, Mall of the Emirates, Sheikh Zayed Rd, Al-Barsha ; 9h-22h sam-jeu, 14h-22h ven ; Ⓜ Mall of the Emirates)

Shopping

Mall of the Emirates — CENTRE COMMERCIAL

25 PLAN P. 92, C5

L'un des *malls* les plus fréquentés de Dubaï, Mall of the Emirates comprend un théâtre, un multiplexe de 24 salles, pas moins de 630 magasins, sans oublier le surprenant Ski Dubai (p. 95). Dans ses passages étroits, on peut se sentir un peu claustrophobe aux heures de grande affluence (sauf dans le vaste Fashion Dome, surmonté d'une voûte vitrée). (☎04 409 9000 ; www.malloftheemirates.com ; Sheikh Zayed Rd, Al-Barsha ; 10h-22h dim-mer, 10h-minuit jeu-sam ; ; Ⓜ Mall of the Emirates)

Camel Company — SOUVENIRS

26 PLAN P. 92, B2

Ici, le chameau est roi : tee-shirts, tasses à café, cahiers, cartes de vœux, magnets et peluches se déclinent dans toutes les tailles et dans toutes les couleurs. De loin le meilleur magasin de souvenirs pour les amateurs de camelidés. (☎04 368 6048 ; www.camelcompany.ae ; Souk Madinat Jumeirah, King Salman Bin Abdul Aziz al-Saud St, Umm Suqeim 3 ; 10h-23h ; ; Ⓜ Mall of the Emirates)

Jalabiyat Yasmine — MODE ET ACCESSOIRES

27 PLAN P. 92, B1

Cette petite boutique de *jalabiya* (caftans traditionnels originaires du Golfe) et autres tenues arabes attire surtout les visiteuses avec son immense choix de châles aux motifs élégants. Les meilleurs sont faits main par des tisserandes du Cachemire à partir d'authentique pashmina

Pashmina : distinguer le vrai du faux

Les châles de pashmina (cachemire), de couleurs et motifs divers et variés, sont faits d'une laine fine et très légère. Mais il existe aujourd'hui de nombreuses versions synthétiques moins chères, fabriquées à la machine. Avant de débourser des centaines de dirhams, comment s'assurer qu'il s'agit bien de cachemire authentique ? Voici une astuce. D'une main, tenez le tissu par un coin. De l'autre, entortillez le tissu autour de votre index. Tirez maintenant le tissu à travers la boucle ainsi formée. Si vous y parvenez, c'est du cachemire (la friction peut provoquer une légère brûlure), sinon c'est du polyester. Faites le test avec une mince pièce de polyester avant de vous rendre dans les boutiques. Vous ne vous y tromperez plus.

(cachemire) ou shahtoosh (laine d'une antilope tibétaine). Les châles faits à la machine coûtent 150 AED au minimum. (04 368 6115 ; www.jalabiatyasmine.com ; souk Madinat Jumeirah, King Salman Bin Abdul Aziz al-Saud St, Umm Suqeim 3 ; 10h-23h ; M Mall of the Emirates)

O' de Rose — MODE ET ACCESSOIRES

28 PLAN P. 92, F4

Vos narines seront chatouillées par le parfum de l'eau de rose dès votre entrée dans ce *concept store* géré par trois cousines de Beyrouth. Leur passion pour l'inhabituel se reflète dans leur gamme éclectique de vêtements, accessoires, objets d'art et décorations d'intérieur de style ethnique-chic, majoritairement signés par des créateurs indépendants de la région. (04 348 7990 ; www.o-derose.com ; 999 Al-Wasl Rd, Umm Suqeim 2 ; 10h-20h tlj sauf ven ; M Noor Bank, FGB)

Gold & Diamond Park — BIJOUX

29 PLAN P. 92, D5

Alternative climatisée – mais moins pittoresque et chaleureuse – au souk de l'or de Deira, ce centre commercial rassemble quelque 90 bijouteries. Le marchandage n'a pas cours ici. Si vous ne trouvez rien à votre goût, vous pouvez commander une pièce sur mesure, qui sera prête en quelques jours. Faites une pause dans l'un des cafés bordant la cour extérieure. (04 362 7777 ; www.goldanddiamondpark.com ; Sheikh Zayed Rd ; 10h-22h sam-jeu, 16h-22h ven ; M FGB)

Explorer
Downtown Dubai

Le centre névralgique de Dubaï est dominé par le Burj Khalifa (828 m), plus haut édifice du monde. Sur les bords du Dubai Canal, le quartier se distingue par son architecture futuriste, surtout le long de Sheikh Zayed Rd et dans le Dubai Design District.

Le Dubai Mall est le temple du shopping le plus vaste de la planète, avec 1 200 boutiques et attractions, telles qu'un aquarium sur trois étages, une patinoire et un squelette de dinosaure. Juste à côté, la merveilleuse Dubai Fountain se déploie tous les soirs en un remarquable spectacle son et lumière. Pour finir en beauté, allez admirer la vue sur le quartier depuis le toit-terrasse du tout nouveau Dubai Opera.

Pour découvrir la facette créative de Dubaï, baladez-vous dans le Dubai Design District, quartier en devenir, ou gagnez directement le complexe branché d'Alserkal Avenue, dans le secteur industriel d'Al-Quoz. Cet ensemble d'anciens entrepôts a été transformé en campus artistique, avec des galeries avant-gardistes, des cafés tendance, un théâtre, une chocolaterie, un cinéma d'art et essai et d'autres entreprises tournées vers la création. La scène artistique régionale est à l'honneur dans les galeries de Gate Village, section de l'immense Dubai International Financial Centre.

Comment y aller

La Red Line (ligne rouge) parcourt Sheikh Zayed Road sur toute sa longueur.

Ⓜ **Financial Centre / Emirates Towers / Burj Khalifa / Dubai Mall / Noor Bank / FGB**

Plan de Downtown Dubai p. 108

Vue aérienne sur Downtown Dubai NIKADA/GETTY IMAGES ©

Les incontournables

Burj Khalifa

Le plus haut gratte-ciel du monde, culminant à 828 m, fut inauguré en 2010, six ans seulement après le début des travaux. Jusqu'à 13 000 ouvriers se sont échinés au travail jour et nuit, montant parfois un nouvel étage en seulement trois jours. Indéniable prouesse d'architecture, cette tour comporte deux plateformes d'observation (aux 124e et 148e étages), ainsi qu'un bar-restaurant au 122e étage.

PLAN P. 108, D3

800 2884 3867

www.atthetop.ae

1 Mohammed bin Rashid Blvd, entrée rdc bas du Dubai Mall

M Burj Khalifa/Dubai Mall

Construction

Les ingénieurs et les architectes de Skidmore, Owings & Merrill (SOM), cabinet basé à Chicago, ont donné le meilleur d'eux-mêmes pour la construction du Burj Khalifa. À elles seules, les fondations de 3,5 m d'épaisseur ont nécessité 12 500 m^3 de béton armé. L'*Hymenocallis*, un lys du désert, a servi d'inspiration pour la forme du bâtiment.

At the Top

Qui ne rêverait d'admirer la vue depuis le plus haut édifice du monde ? Sur la plateforme d'observation **At the Top** (en photo ; 452 m) (adulte/enfant 4-12 ans 125/95 AED heures creuses, 200/160 AED heures de pointe ; 🕗8h30-23h ; dernière entrée 45 min avant la fermeture) au 124e étage, de puissants télescopes optiques et numériques (avec caméra HD) aident à faire la mise au point sur des bâtiments lointains. Pour rejoindre la plateforme, il faut traverser diverses expositions multimédias, puis prendre un ascenseur à double cabine qui vous fera monter à la vitesse de 10 m par seconde.

At the Top Sky

Prenez encore un peu plus de hauteur en achetant un billet pour **At the Top Sky** (heures creuses/heures de pointe 350/500 AED, audioguide 25 AED ; 🕗11h-22h), la plus haute plateforme d'observation du monde (555 m). On est accueilli comme un VIP, avec une boisson et une visite guidée. Un écran interactif permet de "voler" jusqu'à divers sites emblématiques de la ville grâce à des capteurs high-tech. Ensuite, vous serez accompagné jusqu'au 125e étage pour y entendre mille anecdotes sur le Burj et découvrir une autre attraction, "A Falcon's Eye View", un vol virtuel parmi les attractions phares de l'Émirat, comme si vous étiez un faucon.

★ À savoir

- Les billets horodatés sont en vente au guichet et partent rapidement. Mieux vaut réserver en ligne jusqu'à 30 jours à l'avance. Réservez le plus tôt possible pour une visite au couchant.
- Les jours brumeux, optez pour une visite nocturne.
- Prévoyez au moins 2 heures pour la visite.
- Pas de remboursement ou d'échange de billet lorsque la plateforme d'observation extérieure est fermée pour cause de mauvais temps.
- Les prix augmentent aux heures de pointe (coucher du soleil) et l'heure de fermeture varie selon la demande et la saison.

✕ Une petite pause ?

Pour des salades bio et des plats avec vue sur le Burj et le lac, rendez-vous à **Baker & Spice** (p. 112).

Les incontournables

Dubai Mall

Ce lieu n'est pas uniquement un énorme centre commercial de quelque 1 200 boutiques : c'est un véritable espace de divertissement familial, avec un aquarium sur trois étages, un authentique squelette de dinosaure, un souk ravissant, des parcs à thème en intérieur, des cinémas ultramodernes et une patinoire olympique. Vous y trouverez également plus de 150 lieux de restauration, dont certains dotés de terrasse donnant sur la Dubai Fountain et le Burj Khalifa.

PLAN P. 108, D3

800-382 246 255

www.thedubaimall.com

Sheikh Mohammed bin Rashid Blvd

10h-minuit

M Burj Khalifa/Dubai Mall

Dubai Fountain

Au milieu d'un lac flanqué par le Burj Khalifa et le Dubai Mall, ces spectaculaires **fontaines** (www.thedubaimall.com/en/entertain-detail/the-dubai-fountain-1 ; Burj Lake ; entrée libre ; spectacles 13h et 13h30 sam-jeu, 13h30 et 14h ven, toutes les 30 min 18h-23h tlj) chorégraphiées suscitent l'émerveillement de la foule. Leurs jets s'élèvent jusqu'à 140 m de hauteur en suivant le rythme de mélodies classiques, occidentales ou arabes. L'espace d'observation devant le Dubai Mall est généralement bondé. Notre conseil : réservez une table à la terrasse d'un restaurant, sur place ou dans le Souk Al-Bahar. Le spectacle est encore plus impressionnantes de nuit.

Dubai Aquarium & Underwater Zoo

Dans cet **aquarium** (www.thedubaiaquarium.com ; rdc, Dubai Mall ; forfaits 100-300 AED ; 10h-23h dim-mer, 10h-minuit jeu-sam ; P), 75 cm de Plexiglass séparent les visiteurs des raies, requins, poissons-clowns, mérous et quelque 250 autres espèces. Haut de trois étages et installé en plein cœur du centre commercial, la cuve géante (en photo) recrée un habitat sous-marin dans sa globalité, avec des rochers et des récifs de coraux artificiels. On peut en profiter gratuitement depuis l'extérieur, mais il faut un billet pour accéder aux tunnels et à l'Underwater Zoo à l'étage, où vous pourrez notamment saluer King Croc, un crocodile de 5,1 m de long, ainsi que sa compagne, Queen Croc.

Dubai Dino

Le plus vieux résident de Dubaï n'aurait jamais imaginé qu'il se retrouverait un jour ici, quelque 155 millions d'années après sa mort. Déterré dans le Wyoming en 2008, ce squelette de dinosaure de 24 m de long et 7,6 m de haut est installé sous les immenses arcades du Souk Dome depuis 2014.

★ À savoir

- Procurez-vous un plan et l'annuaire des boutiques à l'un des comptoirs ou consultez les panneaux interactifs.
- Le *Dubai Mall* est bondé les jeudis et vendredis soir. À éviter si vous craignez la foule !
- Approchez la Dubai Fountain à bord d'un *abra* (bateau en bois). Balade de 25 minutes entre 17h45 et 23h30 (65 AED).

Une petite pause ?

Les glaces de **Morelli's Gelato** (04 339 9053 ; www.morellisgelato.com ; rdc bas, Dubai Mall ; 19 AED/boule ; 10h-minuit ; P ; M Burj Khalifa/Dubai Mall) feront le bonheur des gourmands.

Goûtez une cuisine émiratie simple et moderne à **Milas** (04 388 2313 ; www.milas.cc ; rdc, The Village, Dubai Mall, Sheikh Mohammed bin Rashid Blvd ; plats 48-95 AED ; 9h-minuit dim-mer, 9h-1h jeu-sam ; P ; M Burj Khalifa/Dubai Mall).

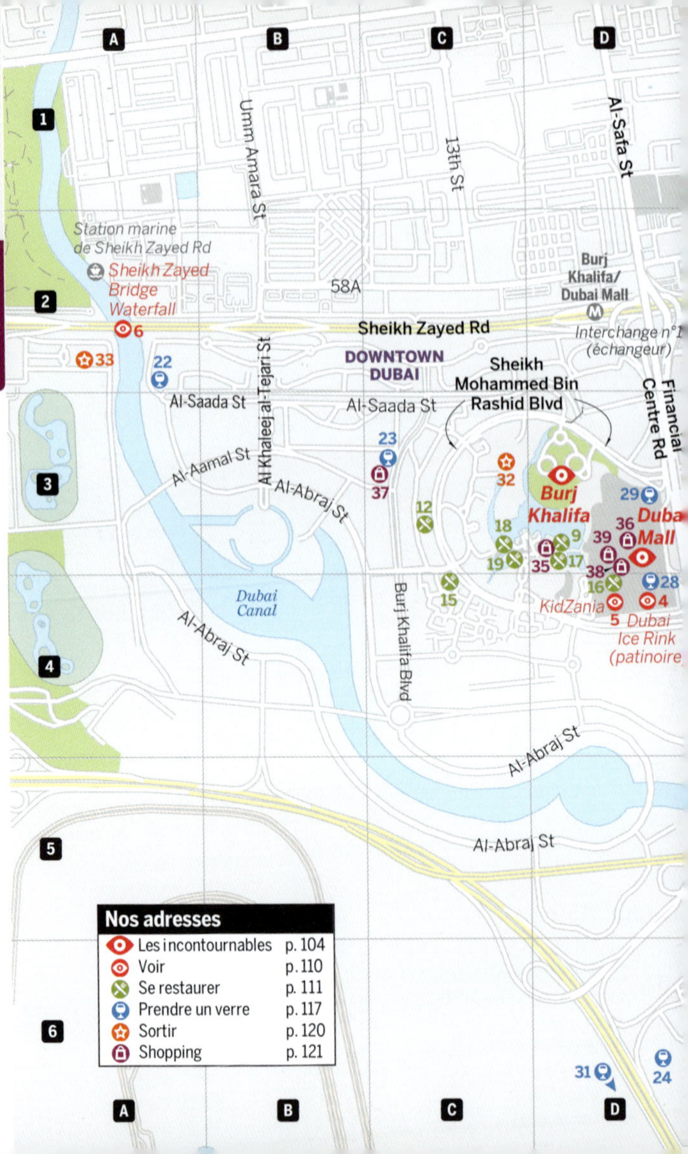
A
B
C
D
1
2
3
4
5
6
Umm Amara St
13th St
Al-Safa St
Station marine de Sheikh Zayed Rd
Sheikh Zayed Bridge Waterfall
58A
Burj Khalifa/ Dubai Mall
Sheikh Zayed Rd
Interchange n°1 (échangeur)
DOWNTOWN DUBAI
Sheikh Mohammed Bin Rashid Blvd
Al-Saada St
Al-Saada St
Al Khaleej al-Tejari St
Financial Centre Rd
Al-Aamal St
Al-Abraj St
Burj Khalifa
Dubai Mall
KidZania
Dubai Ice Rink (patinoire)
Dubai Canal
Al-Abraj St
Burj Khalifa Blvd
Al-Abraj St
Al-Abraj St
6
33
22
23
37
32
12
18
9
19
35
17
29
36
39
38
16
28
4
5
15
31
24
Nos adresses
Les incontournables p. 104
Voir p. 110
Se restaurer p. 111
Prendre un verre p. 117
Sortir p. 120
Shopping p. 121

E
F
G
H
1
2
3
4
5
6
Al-Satwa Rd
SATWA
2nd of December St
Sheikh Zayed Rd
Emirates Towers
Financial Centre
World Trade Centre
FINANCIAL CENTRE
Hippodrome
2nd Za'abeel Rd
Financial Centre Rd
Oud Metha Rd
Dubai Design District
Empty Quarter
Opera Gallery
Gate Village
Cuadro
1
2
3
7
8
10
11
13
14
20
21
25
26
27
30
34
0
500 m
57A
73B
83B
308
19
57
15
17
2
10B
8A
8C
13A
12A
14A
20B
20A
22A
22B
30A
32C
11
5
312

Voir

Gate Village — QUARTIER

1 PLAN P. 108, F2

Deux ponts en bois relient le Dubai International Financial Centre au Gate Village, ensemble de 10 tours de hauteur moyenne dressées au milieu d'allées et de petites places. Des galeries d'art dubaïotes haut de gamme, consacrées au Moyen-Orient, ont investi les lieux, parmi lesquelles **Ayyam** (04 439 2395 ; www.ayyamgallery.com ; Bldg 3, Gate Village, DIFC ; 10h-22h dim-mer, 14h-22h jeu et sam) et Cuadro (p. 110), aux côtés de restaurants huppés comme Zuma (p. 111). Sachez que le secteur est quasiment désert les vendredi et samedi. (Happiness St ; entrée libre ; P ; M Emirates Towers)

Empty Quarter — GALERIE

2 PLAN P. 108, F2

La seule galerie des Émirats consacrée entièrement à la photographie d'art. Tout en offrant un tremplin aux talents émergents, les directeurs accueillent aussi des grands noms comme Steve McCurry, Marc Riboud et Al-Moutasim al-Maskery. Des expositions capturent l'air du temps à travers des thèmes provocateurs et politiques.

Cuadro — GALERIE

3 PLAN P. 108, F2

Dans un bel espace occupant tout le rez-de-chaussée du Building 10 du Gate Village, cette galerie très cotée met en avant des artistes et sculpteurs contemporains, originaires pour la plupart du Moyen-Orient. Des conférences, tables rondes et ateliers sont organisés régulièrement. (04 425 0400 ; www.cuadroart.com ; Bldg 10, Gate Village ; 10h-20h dim-jeu, 12h-18h sam ; M Emirates Towers)

Dubai Ice Rink — PATINOIRE

4 PLAN P. 108, D4

Cette patinoire olympique dans le Dubai Mall, bordée de cafés et de restaurants, se transforme parfois en salle de concerts. Si vous n'êtes pas trop en confiance, optez pour un cours. Des sessions DJ pour les familles sont organisées l' après-midi, ainsi que des soirées disco pour se déhancher sur la glace. (04 437 1111 ; www.dubaiicerink.com ; rdc, Dubai Mall ; 60-100 AED/session, patins compris ; 10h-minuit ; ; M Burj Khalifa/Dubai Mall)

KidZania — PARC DE LOISIRS

5 PLAN P. 108, D4

Envie de shopping sans enfants ni soucis ? Déposez-les dans cette ville miniature en intérieur, comprenant une école, une caserne de pompiers, un hôpital et une banque. Déguisés en fonction du métier choisi, les enfants peuvent découvrir à quoi ressemble la vie de pompier, médecin, mécanicien, pilote, etc. (04 448 5222 ; www.kidzania.ae ; 2e ét, Dubai Mall ; billets à partir de 150 AED ; 10h-23h ; P ; M Burj Khalifa/Dubai Mall)

PHILIP LANGE/SHUTTERSTOCK ©

Cascade du Sheik Zayed Bridge

Sheikh Zayed Bridge Waterfall

CASCADE

6 PLAN P. 108, A2

Des deux côtés du pont Sheikh Zayed, ces cascades illuminées s'interrompent automatiquement à l'approche d'un bateau. (Dubai Canal, Sheikh Zayed Bridge ; entrée libre ; 19h-22h ; M Business Bay)

Opera Gallery

GALERIE

7 PLAN P. 108, F2

Cette salle d'exposition est adressée aux collectionneurs d'art, dans des genres aussi variés que le pop art et la calligraphie. Une section de ce superbe espace est réservée aux artistes contemporains du Moyen-Orient.

La galerie Opera, fondée à Paris en 1994, possède une dizaine de branches dans le monde. (04 323 0909 ; www.operagallery.com ; Bldg 3, Gate Village ; 10h-22h dim-ven, 10h-minuit jeu, 14h-21h ven, 11h-21h sam ; M Emirates Towers)

Se restaurer

Zuma

JAPONAIS $$$

8 PLAN P. 108, F2

Les classiques japonais sont ingénieusement revisités dans cet établissement prisé des dubaïotes. Que vous choisissiez les succulents sushis (ceux au crabe sont une merveille !), les viandes, poissons et fruits de mer en brochettes cuits au *robata* (grill) ou les spécialités maison comme la morue marinée au *miso*, vos papilles trouveront la voie du septième ciel. (04 425 5660 ; www.zumarestaurant.com ;

Dubai Design District

Flambant neuf, le **Dubai Design District** (d3 ; plan p. 108, E6 ; 04 433 3000 ; www.dubaidesigndistrict.com ; près d'Al-Khail Rd, Business Bay ; P ; Dubai Design District, M Business Bay) a déjà attiré nombre de marques et talents régionaux et internationaux, notamment des noms prestigieux comme Adidas et Foster + Partners. Les visiteurs peuvent puiser dans ce laboratoire d'inventivité en admirant l'architecture ultramoderne et les œuvres d'art public, en s'invitant dans les showrooms et les boutiques éphémères, en côtoyant les hipsters dans des cafés stylés ou en assistant à des événements culturels gratuits. À 20 minutes en bus (D03 ou D03A) depuis la station de métro Dubai Mall/Burj Khalifa.

Bldg 06, Gate Village, Happiness St, DIFC ; formules déj 130 AED, plats 115-850 AED ; 12h-15h30 dim-jeu, 12h30-16h ven, 12h30-16h sam et 19h-minuit sam-mer, jusqu'à 1h jeu-ven ; ; M Emirates Towers)

Baker & Spice

INTERNATIONAL **$$**

9 PLAN P. 108, D3

Pionnier de la tendance "frais, bio et local", cette enseigne londonienne offre un large choix de plats de saison. Installez-vous dans la charmante salle de style champêtre, ou bien sur la terrasse, depuis laquelle vous pourrez contempler la Dubai Fountain. Le bar à salades est garni de créations alléchantes, les petits-déjeuners sont succulents et les viandes et poissons issus de l'agriculture et de la pêche durables. (04 425 2240 ; www.bakerandspiceme.com ; Souk Al-Bahar ; plats 80-150 AED ; 8h-23h ; ; M Burj Khalifa/Dubai Mall)

Sum of Us

CAFÉ **$$**

10 PLAN P. 108, H1

Aménagé sur deux étages, ce café avec terrasse végétalisée de style industriel réserve quelques surprises. Le personnel torréfie le café, prépare du pain au levain et sert une cuisine réconfortante. Le petit-déjeuner est assuré toute la journée. Le risotto de chou-fleur et les toasts au caramel salé font partie de nos coups de cœur. (056 445 7526 ; www.thesumofusdubai.com ; rdc, Burj al-Salam Bldg, 6th St ; plats 50-90 AED ; 8h-minuit ; P ; M World Trade Centre)

Zaroob

LIBANAIS **$**

11 PLAN P. 108, F2

Cuisines ouvertes, chefs s'activant aux fourneaux, corbeilles de fruits, lanternes colorées et volets en métal décorés de graffitis : Zaroob dégage l'authenticité urbaine d'une ruelle de Beyrouth. Régalez-vous de plats délicieux et sans prétention : falafels (boulettes de pois chiches frites), *chawarma* (viande rôtie dans du pain pita), *man'ouché* (pizza libanaise) plate ou en chausson ou *alayet* (ragoût de tomates), tous typiques du Proche-Orient. Belle terrasse également. (☎04 327 6262 ; www.zaroob.com ; rdc, Jumeirah Tower Building, Sheikh Zayed Rd ; plats 12-32 AED ; ⏰24h/24 ; P ; M Emirates Towers, Financial Centre)

Leila

LIBANAIS $$

12 PLAN P. 108, C3

Venu de Beyrouth, ce restaurant sert une cuisine libanaise du XXIe siècle, légère, fraîche et saine. La décoration donne dans le vintage, avec le papier peint à motifs, les sets de table et les assiettes à fleurs. Également une bonne adresse pour prendre le petit-déjeuner et fumer le narguilé. (☎04 448 3384 ; www.leilarestaurant.ae ; Sheikh Mohammed bin Rashid Blvd ; plats 23-68 AED ; ⏰9h30-0h45 lun-sam, 9h30-01h45 sam-dim ; ; M Burj Khalifa/Dubai Mall)

The Daily

BISTROT $$

13 PLAN P. 108, E3

Dans ce lieu décontracté, ouvert toute la journée, on est instantanément séduit par la décoration de style entrepôt, les immenses baies vitrées et la terrasse avec vue sur le Burj Khalifa. Ajoutez à cela un service chaleureux, une cuisine toute simple (chouchouka aux œufs, copieuses salades, steak-frites), une addition très raisonnable, et vous obtenez une adresse gagnante. Côté boissons, du café, des jus de fruits frais, des bières et des vins à prix corrects. (☎04 561 9999 ; www.rovehotels.com/the-daily ; Rove Downtown, 312 Happiness St ; plats 45-120 AED, brunch 99 AED ; ⏰6h30-23h30 ; M Financial Centre, Burj Khalifa/Dubai Mall)

Al-Nafoorah

LIBANAIS $$$

14 PLAN P. 108, F2

Dans cette salle à manger lambrissée invitant à la convivialité, la large sélection de savoureux mezze est plus impressionnante que les kebabs, mais en réalité le menu libanais classique comporte peu de fausses notes. Même en été, vous pourrez vous installer en terrasse sous la marquise climatisée. (☎04 432 3232 ; www.jumeirah.com ; rdc bas, Boulevard, Jumeirah Emirates Towers ; mezze 38-60 AED, plats 65-200 AED ; ⏰12h-15h30 et 18h-23h30 ; P ; M Emirates Towers)

La Serre Bistro & Boulangerie

MÉDITERRANÉEN $$$

15 PLAN P. 108, C4

Les habitants de Downtown passent régulièrement à la boulangerie du rez-de-chaussée pour se ravitailler en croissants au beurre et en pâtisseries appétissantes, ou petit-déjeuner sur la terrasse. Les gourmets préféreront monter à l'étage pour se régaler de risotto aux crevettes, de turbot en croûte de truffe et d'autres plats originaux, servis

La tête dans les nuages : At.mosphere

Si la cuisine n'a rien d'exceptionnel, le point de vue, lui, l'est bel et bien : le plus haut restaurant du monde, au Burj Khalifa (www.atmosphereburjkhalifa.com), n'a pas d'égal en la matière. Réservez longtemps à l'avance pour profiter du panorama et de la cuisine internationale, axée sur les produits de la mer. L'addition minimum est de 500 AED le midi et 680 AED le soir (880 AED pour une table près d'une fenêtre). Si votre budget ne vous permet pas cette folie, gagnez le salon, un étage au-dessus, pour un petit-déjeuner (200 AED minimum), un thé/goûter (420 AED minimum) ou un dîner (320 AED minimum). Les enfants de moins de 10 ans ne sont pas admis. Prévoyez une tenue soignée. Entrée via l'Armani Hotel.

dans la salle à manger bien aérée. (☎04 428 6969 ; www.laserre.ae ; Vida Downtown Dubai, Sheikh Mohammed Bin Rashid Blvd ; plats bistrot 120-230 AED ; ⏲bistrot 12h-15h15 et 19h-23h, boulangerie 6h30-22h30 ; P Wi-Fi ; M Burj Khalifa/Dubai Mall)

Eataly

ITALIEN **$$**

16 PLAN P. 108, D4

Dans le Dubai Mall, ce café-boutique de la célèbre chaîne italienne est idéal pour faire le plein de pesto de Ligurie, vinaigre balsamique de Modène, huile d'olive de Sicile, mozzarella et pâtes concoctées sur place. Autre possibilité : installez-vous et régalez-vous de pizza, de panini ou de pâtes.

Les enfants termineront forcément leur repas au bar à Nutella. (☎04 330 8899 ; www.eatalyarabia.com ; rdc bas, Dubai Mall ; plats 45-120 AED ; ⏲9h-23h30 dim-mer, 9h-0h30 jeu-sam ; P Wi-Fi ; M Burj Khalifa/Dubai Mall)

Karma Kafé

ASIATIQUE **$$$**

17 PLAN P. 108, D3

Voyagez à travers l'Asie au fil du menu de cette adresse branchée, entre sushis de toutes sortes, saumon fumé au thé, bœuf Wagyu grillé sur le *robata* et charbonnier au miso. La terrasse donne sur la Dubai Fountain. (☎04 423 0909 ; www.karma-kafe.com ; Souk Al-Bahar ; plats 60-200 AED ; ⏲15h-2h dim-jeu, 12h-2h ven-sam ; Wi-Fi ; M Burj Khalifa/Dubai Mall)

Asado

ARGENTIN **$$$**

18 PLAN P. 108, C3

Les carnivores seront comblés dans cet antre à la fois rustique et élégant, dont la terrasse jouit d'une vue sublime sur le Burj Khalifa. Commencez par une sélection d'*empanadas* (chaussons farcis) avant de vous attaquer à une juteuse viande argentine grillée ou à la spécialité de la maison, le chevreau cuit à la perfection sur la braise. Réservation indispensable. (04 428 7888 ; www.theaddress.com ; Palace Downtown Dubai, Mohammed bin Rashid Blvd ; plats 95-570 AED ; 18h30-23h30 ; P ; M Burj Khalifa/Dubai Mall)

Thiptara at Palace Downtown

THAÏLANDAIS $$$

19 PLAN P. 108, C3

Thiptara signifie "magie sur l'eau", ce qui sied plutôt bien à cette pagode en bord de lac, avec vue imprenable sur la Dubai Fountain. Au menu, interprétations raffinées de classiques thaïlandais, agrémentées de fines herbes cultivées par le chef lui-même. La salade de papaye verte, le charbonnier grillé et le poulet au curry vert sont des choix sûrs. (04 428 7888 ; www.theaddress.com ; Mohammed bin Rashid Blvd ; plats 120-290 AED ; 18h-23h30 ; P ; M Burj Khalifa/Dubai Mall)

Noodle House

ASIATIQUE $$

20 PLAN 108, G2

Dans cette chaîne de restaurants asiatiques, on passe commande en cochant ses choix sur un carnet. Une adresse fiable pour un déjeuner ou un dîner décontracté. Le choix est vaste (du canard rôti aux soupes de nouilles et au *pad thai*), et les plats plus ou moins épicés. (04 319 8088 ; www.thenoodlehouse.com ; rdc, Boulevard Mall, Emirates Towers, Sheikh Zayed Rd ; plats 35-90 AED ; 12h-minuit ; P ; M Emirates Towers)

Eataly

L'islam à table

Prescriptions alimentaires

Pour les musulmans, la consommation de porc est *haram* (interdite par l'islam). Cette prescription a des raisons hygiéniques, car le cochon, qui mange n'importe quoi, est considéré comme un animal impur. L'alcool est prohibé, parce qu'il détourne le croyant de la prière et de Dieu. L'autre grande prescription concerne la viande qui pour être halal (permise par l'islam) exige que l'animal soit abattu rituellement. Il faut en particulier qu'il ait été égorgé vivant et vidé de son sang. C'est pourquoi la viande rouge vendue localement est généralement de couleur pâle. Dans les restaurants, vous trouverez facilement du bœuf non halal, mais ne vous attendez pas à ce que votre steak soit bardé de bacon !

Restaurants et supermarchés

Les supermarchés vendent plutôt du bacon de bœuf *(beef bacon)* et du jambon de dinde *(turkey ham)*, mais certains (comme Spinneys et Carrefour) proposent du porc pour les non-musulmans dans une pièce spéciale – où il arrive que les musulmans n'aient pas le droit d'entrer. Seuls les restaurants ayant une licence pour le porc ont le droit d'en servir – comme pour l'alcool, qui n'est généralement servi que dans les hôtels. Si, dans un restaurant, un plat inclut du porc ou de l'alcool dans sa préparation, cela doit être clairement indiqué sur la carte.

Ramadan

Le mois du ramadan est une période de contemplation spirituelle pour les musulmans, qui doivent jeûner du lever au coucher du soleil. Si les étrangers n'ont pas à se soumettre à ces restrictions, ils n'ont toutefois pas le droit de fumer, de boire ou de manger (ni même de mâcher du chewing-gum) en public durant les heures du jour. Les commerces et les hôtels prennent des dispositions pour les personnes ne jeûnant pas en installant des paravents autour des salles à manger.

Le jeûne est interrompu chaque jour par un petit-déjeuner léger composé par exemple de dattes et de *laban* – une boisson au yaourt non sucrée – avant les prières. En soirée vient l'*iftar*, où l'on mange suffisamment pour compenser les heures passées à s'abstenir, tout en devisant jusqu'au petit matin. Pour l'occasion, des centaines de restaurants proposent d'avantageux buffets, offrant mille et une tentations.

Prendre un verre

Cirque Le Soir CLUB

21 PLAN P. 108, H2

S'agit-il d'une discothèque, d'un cirque ou d'un cabaret ? Un peu des trois : ce haut-lieu de la vie nocturne, l'un des plus tendance de Dubaï, est une maison de fous dans laquelle on s'amuse parmi les clowns, échassiers, avaleurs de sabres et fêtards invétérés. La musique est plutôt électro, mais la soirée hip-hop du lundi est l'une des plus fréquentées. (050 995 5400 ; www.facebook.com/CirqueLeSoirDubai ; Fairmont Hotel, Sheikh Zayed Rd ; 22h30-3h lun, mar, jeu et ven ; M World Trade Centre)

Bridgewater Tavern BAR DES SPORTS

22 PLAN P. 108, A2

Cet établissement branché réinvente le concept du bar des sports. Bien sûr, les amateurs de ballon rond y trouveront les grands écrans habituels ; mais la décoration présente un style industriel, la bande-son est très rock, on peut fumer le narguilé sur la terrasse au bord du canal et le menu du pub est plus recherché que d'habitude. La spécialité de la maison : le burger "noir", tellement dégoulinant qu'il est accompagné d'un bavoir ! (04 414 0000 ; www.jwmarriottmarquisdubailife.com/dining/bridgewatertavern ; JW Marriott Marquis Hotel, Sheikh Zayed Rd ; 16h-2h ; ; M Business Bay)

Treehouse BAR

23 PLAN P. 108, C3

Au sommet du Taj, cet établissement de luxe doté d'un salon extérieur propose à ses clients des boissons haut de gamme ainsi qu'une vue inégalable sur le Burj Khalifa. Les plantes en pot, les canapés, les tables en marbre rose et même le faux feu de cheminée font du Treehouse un endroit cosy pour discuter tranquillement en semaine. L'ambiance se réchauffe le week-end au tempo des DJ mixeurs de house. (04 438 3100 ; www.treehousedubai.com ; Taj Dubai Hotel, Burj Khalifa Blvd ; 18h-1h sam-mer, 18h-2h jeu-ven ; M Business Bay)

Base CLUB

24 PLAN P. 108, D6

Installé à ciel ouvert dans le Dubai Design District, cet immense club dernière génération peut accueillir jusqu'à 5 000 personnes pour des concerts et des soirées. Sonorisation dernier cri, excellente programmation, effets pyrotechniques et foule pimpante et joyeuse. (055 313 4999 ; www.basedubai.com ; Dubai Design District ; 10h30-3h sept-mai ; M Business Bay)

Cavalli Club CLUB

25 PLAN P. 108, H1

Les limousines noires se succèdent devant ce club ultraselect où vous pourrez siroter des cocktails à base de vodka et savourer des plats italiens dans la vaisselle Cavalli, le tout dans une caverne d'Ali Baba

Burj Khalifa : faits et chiffres

Non content d'être l'édifice le plus haut du monde, le Burj Khalifa collectionne les performances et les records hallucinants :

- plus haut édifice indépendant et plus haute plateforme d'observation extérieure (555 m)
- plus haut étage occupé (160e ét, 585,5 m) et plus long ascenseur (504 m)
- plus grand nombre d'étages (211)
- plus haut restaurant (122e ét, 452 m)
- le poids de béton utilisé équivaut à celui de 100 000 éléphants
- l'ascenseur de service peut supporter jusqu'à 5 500 kg
- la façade est composée de 28 261 panneaux de verre
- il faut 3 à 4 mois pour nettoyer la façade
- en 2011, le grimpeur français Alain Robert a escaladé le Burj en à peine plus de 6 heures
- en 2014, deux autres Français (Vincent Reffet et Frédéric Fugen) ont effectué un saut en parachute depuis le Burj, établissant le record du monde de *base jump*.

décorée de quartz noir et de cristal Swarovski. Mesdames, sans talons très hauts, vous aurez l'air de Cendrillon. Messieurs, soignez votre tenue, ou vous resterez à la porte. Derrière l'hôtel Fairmont. (☎050 991 0400 ; dubai.cavalliclub.com ; Fairmont Hotel, Sheikh Zayed Rd ; 20h30-3h ; wi-fi ; M World Trade Centre)

40 Kong

BAR

26 PLAN P. 108, H1

Magnats de la finance et PDG apprécient ce bar à cocktails intimiste, perché au 40e étage du H Hotel, avec vue sur le World Trade Centre et Sheikh Zayed Rd. Les lanternes et les palmiers offrent un cadre romantique pour un verre, à accompagner d'en-cas de tous horizons. (☎04 355 8896 ; www.40kong.com ; 40e ét, H Hotel, Sheikh Zayed Rd ; 19h-3h ; wi-fi ; M World Trade Centre)

Fibber Magee's

PUB

27 PLAN P. 108, G2

Installé depuis toujours et ouvert du matin au soir, Fibbers est un pub au désordre sympathique, proposant de la Guinness et de la Kilkenny à la pression, un petit-déjeuner servi toute la journée, un menu de plats internationaux réconfortants et des grands écrans diffusant du sport (du rugby aux courses hippiques). Le jeudi soir, de nombreux expats sont émus aux larmes durant les concerts de musique traditionnelle irlandaise. (04 332 2400 ; www.fibbersdubai.com ; Saeed Tower One, Sheikh Zayed Rd ; 8h-2h ; ; M World Trade Centre)

Majlis

CAFÉ

28 PLAN P. 108, D4

Pour tout savoir sur la traite des chamelles, regardez la vidéo du menu interactif (sur iPad) tout en dégustant un *camelccino* (cappuccino au lait de chamelle) ou du lait de chamelle arômatisé aux dattes. Dans ce joli café, les en-cas, desserts, chocolats et fromages, toujours à base de lait de chamelle, font très envie aussi. (056 287 1522 ; rdc, Gold Souk, Dubai Mall ; 10h-minuit ; ; M Burj Khalifa/Dubai Mall)

Cabana

BAR, LOUNGE

29 PLAN P. 108, D3

Décontraction au bord d'une piscine et classe urbaine avec vue splendide sur le Burj Khalifa : voilà pour ce lieu ouvert avec lounge en terrasse. La musique n'y entrave pas la conversation. Parfait pour conclure une séance de shopping au Dubai Mall ; *happy hour* de 14h à 20h. (04 438 8888 ; www.theaddress.com ; 3e ét, The Address Dubai Mall Hotel, Sheikh Mohammed bin Rashid Blvd ; 8h30-12h ; ; M Burj Khalifa/Dubai Mall)

40 Kong

Nippon Bottle Company BAR

30 PLAN P. 108, E2

Mieux vaut avoir les idées claires pour trouver ce petit bar japonais éclairé aux néons, caché derrière une bibliothèque du hall d'entrée du Dusit Thani Hotel. Vous aurez tout le loisir de perdre le nord après avoir goûté à ses whiskies nippons et cocktails bien corsés. (www.dusit.com/dusitthani/dubai ; Dusit Thani Hotel, Sheikh Zayed Rd ; 18h-3h ; M Financial Centre)

White Dubai CLUB

31 PLAN P. 108, D6

La version dubaïote de ce club de Beyrouth a rapidement conquis le public grâce à ses soirées sur le toit-terrasse. Des DJ internationaux abreuvent les fêtards d'un mix éclectique, de la house à l'électro, en passant par le hip-hop et le R'n'B.

Il s'agit du seul club du Moyen-Orient figurant dans le Top 100 de *DJ Mag*. (050 443 0933 ; www.whitedubai.com ; Meydan Racecourse Grandstand Rooftop, Nad Al-Sheba ; 23h-3h mar, jeu-sam)

Sortir

Dubai Opera SPECTACLE VIVANT

32 PLAN P. 108, C3

Imitant la forme d'un *dhow* (boutre), l'opéra de Dubaï est la salle de spectacle la plus récente et sophistiquée de la ville. Loin d'être dévouée uniquement au classique, la programmation offre un très large éventail de représentations, notamment des comédies musicales, ballets, spectacles comiques, concerts de rock et récitals. La "proue" de l'édifice abrite un théâtre de 2 000 places et un foyer vitré donnant sur le Burj Lake. (04 440 8888 ; www.dubaiopera.com ; Sheikh Mohammed Bin Rashid Blvd ; M Burj Khalifa/Dubai Mall)

La Perle by Dragone SPECTACLE VIVANT

33 PLAN P. 108, A2

Dans ce théâtre ultramoderne, l'inclinaison à 270 degrés offre une visibilité parfaite, même depuis les places les moins chères. Le spectacle époustouflant est centré autour d'une scène aquatique, avec quelque 65 acrobates réalisant des prouesses inouïes. Aux commandes, Franco Dragone, l'un des fondateurs du Cirque du Soleil. (www.laperle.com ; Al-Habtorr City ; billets 400-1 600 AED ; ; M Business Bay)

Blue Bar MUSIQUE LIVE

34 PLAN P. 108, G2

Tous les âges se retrouvent dans ce bar décontracté pour écouter le meilleur du jazz et du blues en ville. Les cocktails, aux prix abordables, portent les noms de standards de jazz (goûtez le Hello Dolly, inspiré de Louis Armstrong). Ouvert tous les jours, concerts du jeudi au samedi à partir de 22h. (04 310 8150 ; Novotel World Trade Centre Dubai, Happiness St ; 12h-2h ; ; M World Trade Centre)

Shopping

Souk Al-Bahar CENTRE COMMERCIAL

35 PLAN P. 108, D3

Juste à côté du Dubai Mall, le Souk Al-Bahar (marché du marin) vend principalement des articles pour touristes. Ce petit centre commercial vaut surtout pour sa sublime architecture de style arabe (couloirs en pierre flanqués d'arcades, éclairage tamisé) et ses restaurants donnant sur la Dubai Fountain (certains possèdent une licence pour vendre de l'alcool). Pratique également : une branche du supermarché Spinneys au sous-sol. (www.soukalbahar.ae ; Old Town Island ; 10h-22h dim-jeu, 14h-22h ven ; ; M Burj Khalifa/Dubai Mall)

Kinokuniya LIVRES

36 PLAN P. 108, D3

Les étagères de cette immense librairie recèlent un demi-million d'ouvrages, et plus de 1 000 magazines en anglais, arabe, japonais, français et chinois. (04 434 0111 ; www.kinokuniya.com/ae ; 2e ét, Dubai Mall ; 10h-minuit ; ; M Burj Khalifa/Dubai Mall)

Farmers Market on the Terrace MARCHÉ

37 PLAN P. 108, C3

Si les carottes ont encore leurs fanes et que les fenouils sont sales, c'est parce que tous les légumes restent en terre jusqu'à la veille du marché. Une initiative écologique rafraichissante, qui permet de faire passer les produits bio et locaux directement du producteur au consommateur. (04 427 9856 ; www.facebook.com/TheFarmersMarketOnTheTerrace ; Bay Avenue Park, Burj Khalifa St et Al-A'amal St, Business Bay ; 8h-13h ven nov-mai ; M Business Bay)

Candylicious CONFISERIE

38 PLAN P. 108, D3

On peut passer sous un arbre à sucettes, regarder les confiseurs à l'œuvre ou se régaler de délicieux pop-corns. Immense et éclatante de couleurs, cette jolie confiserie regorge de douceurs (bonbons gélifiés, bonbons halal ou chocolats raffinés). Un rêve. (04 330 8700 ; www.candyliciousshop.com ; rdc, Dubai Mall ; 10h-minuit ; ; M Burj Khalifa/Dubai Mall)

Nayomi VÊTEMENTS

39 PLAN P. 108, D3

L'une des boutiques les plus sexy de Dubaï ; soutien-gorges *push-up*, mules à talon ornées de plumes, nuisettes élégantes, produits de beauté séduisants (nous adorons la ligne "Booty Parlor") et autres jolies tenues de nuit fabriquées – qui l'eût cru ? – en Arabie saoudite. Nayomi, qui signifie "soyeux" et "délicat" en arabe, est une marque très connue dans tout le Moyen-Orient. Elle compte 10 enseignes rien qu'à Dubaï. (04 339 8820 ; www.nayomi.com ; 1er ét, Dubai Mall ; 10h-22h dim-mer, 10h-minuit jeu-sam ; ; M Burj Khalifa/Dubai Mall)

Explorer
Dubai Marina et Palm Jumeirah

Sur cette portion du front de mer, les zones résidentielles huppées sont jalonnées de luxueux hôtels. Plusieurs sites invitent à la promenade : la Dubai Marina, The Walk at JBR et The Beach at JBR.

Au bord d'un canal de 3 km de long creusé dans le désert, la Dubai Marina est l'une des plus grandes marinas artificielles au monde. Le soir, on peut admirer les gratte-ciel et les yachts au mouillage, s'arrêter devant les fontaines, et dénicher l'endroit idéal pour dîner, prendre un verre ou fumer le narguilé.

Parallèle au rivage, The Walk at JBR, enfilade de boutiques et restaurants de 1,7 km de long, et The Beach at JBR, centre commercial chic en plein air, sont ourlés d'une jolie plage de sable. Juste au large se trouvent les Bluewaters Islands, où la grande roue la plus imposante au monde, Ain Dubai, tournera bientôt. Le Dubai Tram dessert la majeure partie de la Marina.

Surgissant du golfle, Palm Jumeirah est une île artificielle en forme de palmier, avec un tronc de 2 km, une couronne de 16 palmes et une digue de 11 km de long en forme de croissant.

Comment y aller

M Damac (pour Dubai Marina) / Jumeirah Lakes Towers (pour The Beach at JBR et The Walk at JBR)

Tram : Relie Dubai Media City, JBR et Dubai Marina sur une boucle de 11 km.

Plan de Dubai Marina et Palm Jumeirah p. 126

Palm Jumeirah YANN ARTHUS-BERTRAND/GETTY IMAGES ©

Promenade à pied

Dubai Marina Walk

Construite autour d'un canal de 3 km bordé de gratte-ciel futuristes, la Dubai Marina est une des plus grandes marinas du monde. Le soir venu, il est particulièrement agréable de flâner sur cette promenade animée. Admirez en chemin les tours et les yachts éclairés, arrêtez-vous près des fontaines, allez dîner, ou prendre un verre et fumer le narguilé à la fraîche, en terrasse.

Itinéraire

Départ Cayan Tower

Arrivée Barracuda

Distance 2,5 km

Durée aussi longtemps qu'il vous plaira

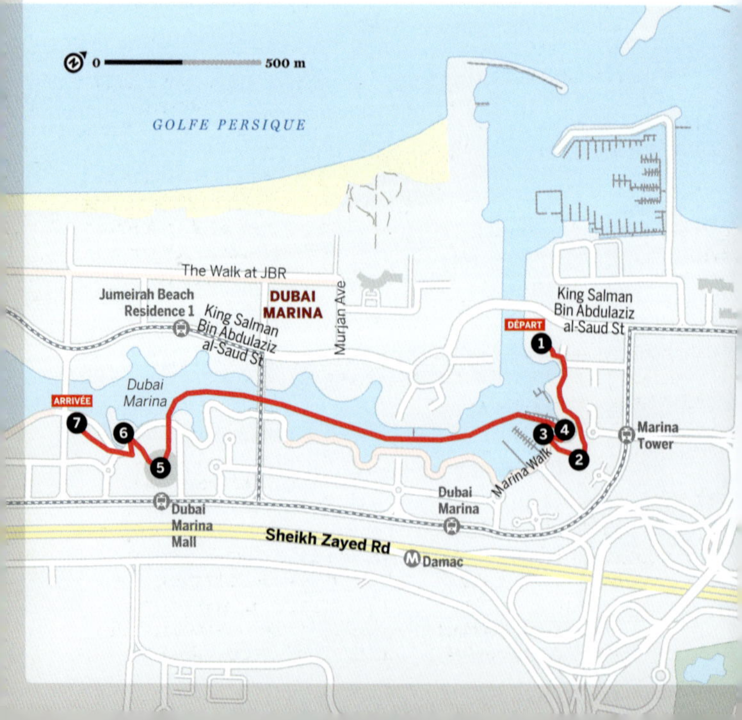

❶ Cayan Tower

Cette **merveille** architecturale (Al-Sharta St ; Ⓜ Damac, Marina Towers) a de quoi surprendre : ses 75 étages, décalés graduellement sur 307 m, donnent à la tour l'air d'une torsade suspendue dans le ciel. Conçu par Skidmore, Owings & Merrill (SOM), également à l'origine du Burj Khalifa, c'est le gratte-ciel le plus remarquable de la Dubai Marina.

❷ Balade à vélo

Nextbike (Byky ; www.nextbike.net ; 1/2/5/24 heures 20/25/40/80 AED ; 24h/24) permet de récupérer et déposer son vélo aux nombreuses bornes de la Dubai Marina et de Palm Jumeirah. Il suffit de s'inscrire au préalable sur le site Internet, sur lequel vous trouverez aussi tous les détails pratiques.

❸ Détente et narguilé

Reem al-Bawadi (www.reemalbawadi.com ; Marina Walk ; narguilé 50 AED ; 9h-3h ; Ⓜ Damac) possède d'autres branches en ville, mais l'ambiance est la plus agréable ici. Installez-vous sur la terrasse ou réfugiez-vous dans l'intérieur douillet, sous ses éclairages tamisés et ses arcades. Large choix de mezze et narguilés.

❹ Balade sur l'eau

Pour une balade autour de la marina, montez à bord du **Water Bus** (www.rta.ae ; trajet 3-11 AED, pass journée 25 AED ; 10h-23h sam-jeu, 12h-minuit ven ; Ⓜ Damac), qui circule entre la Marina Walk, la Marina Terrace, le Marina Mall et la Promenade toutes les 15 minutes. Le spectacle est superbe au couchant ou de nuit.

❺ Shopping à taille humaine

Avec 160 boutiques seulement, le **Dubai Marina Mall** (p. 139) ne se classe pas parmi les centres commerciaux gigantesques de la ville. Mais ses boutiques sont tout aussi intéressantes. Son principal atout architectural est l'atrium géant que les enfants peuvent arpenter à bord d'un train miniature.

❻ Au temple de la gastronomie

La **Pier 7** (p. 130), tour de 7 étages, est le paradis des gourmets. Chaque niveau abrite un restaurant ou un bar dont les terrasses donnent sur la Marina. Entre autres choix : les bons petits plats raffinés de Fümé, les spécialités grésillantes d'Asia Asia et les cocktails sur le toit-terrasse de l'Atelier M.

❼ Festin de la mer

Les tables sont rarement vides au **Barracuda** (04 452 2278 ; www.facebook.com/barracudarestaurantuae ; Silverene Tower, Marina Walk ; plats 50-215 AED ; 12h-1h ; ; Ⓜ Jumeirah Lakes Tower, Dubai Marina Mall), une institution égyptienne où les prises du jour sont magnifiquement présentées sur de la glace. Choisissez la cuisson : au four ou simplement saisi avec un filet d'huile d'olive et de citron.

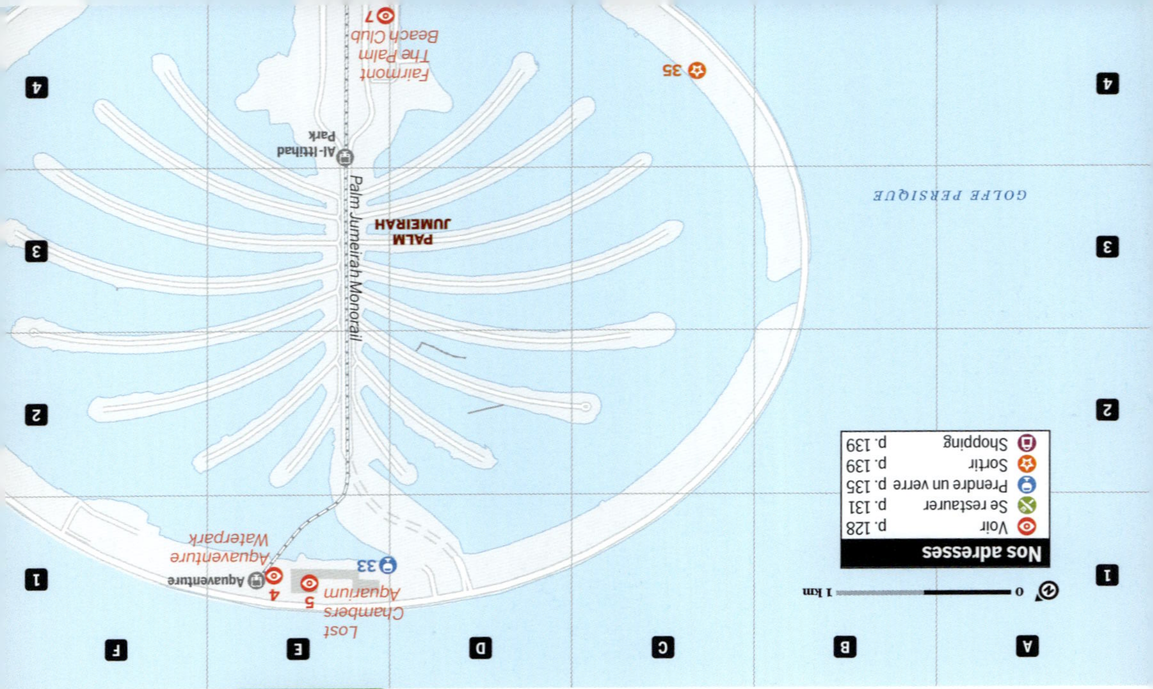
Nos adresses
Voir p. 128
Se restaurer p. 131
Prendre un verre p. 135
Sortir p. 139
Shopping p. 139
0
1 km
A
B
C
D
E
F
1
2
3
4
GOLFE PERSIQUE
PALM JUMEIRAH
Palm Jumeirah Monorail
Al-Ittihad Park
Aquaventure
4 Aquaventure Waterpark
5 Lost Chambers Aquarium
33
35
7 Fairmont The Palm Beach Club

19
14
5
5
1
Ain Dubai
DUBAI
MARINA
Skydive
Dubai
10
JBR
Beach
12 Splash
Pad
6
32
3
17
31
24
The Beach at JBR
The Walk
at JBR
21
16
37
2
Murjan Ave
25
8
Club
Mina
28
Mina al-Seyahi
One&Only
Spa
11
29
23
Palm Jumeirah
King Salman Bin Abdulaziz al-Saud St
Jumeirah Beach
Residence 2
Dhow
Cruise
Jumeirah Beach
Residence 1
15
22
9
Pier 7
36
18
34
30
Al-Sufouh Rd
DUBAI
MEDIA CITY
Media
City
Al-Sufouh Rd
Palm
Jumeirah
Knowledge
Village
Al-Sufouh
Jumeirah
Lakes Towers
Marina
Towers
Dubai
Marina
DUBAI
INTERNET
CITY
7
7
38
Jumeirah
Lakes Towers
Dubai
Marina
Mall
Damac
Sheikh Zayed Rd
20
Interchange n°5
(échangeur)
Nakheel
JUMEIRAH
LAKES TOWERS
Dubai Internet
City
Emirates
13 Golf Club
27
26
8
8
Emirates
Golf Club
BARSHA
HEIGHTS
A
B
C
D
E
F

Voir

Ain Dubai

GRANDE ROUE

1 PLAN P. 126, A5

Inaugurée en 2018, cette attraction permettra à Dubaï de battre un nouveau record : celui de la plus grande roue panoramique au monde. Ain Dubai s'élèvera sur l'île artificielle de Bluewaters Island à une hauteur de 210 m – soit 43 m de plus que l'actuelle détentrice du record, la High Roller de Las Vegas. Jusqu'à 1 400 passagers pourront profiter d'une vue à 360 degrés sur les gratte-ciel. (800 637 227 ; www.bluewatersdubai.ae ; Bluewaters Island, Dubai Marina ; M Jumeirah Lakes Towers, Jumeirah Beach Residence 2)

The Walk at JBR

QUARTIER

2 PLAN P. 126, B6

Cette agréable promenade extérieure (1,7 km), bordée de boutiques et de restaurants, a connu un succès immédiat dès son ouverture en 2008. Joignez-vous aux habitants le temps d'une virée dans les boutiques, ou contemplez depuis la terrasse d'un café les voitures de luxe de sortie le week-end. (Jumeirah Beach Residence, Dubai Marina ; M Jumeirah Lakes Towers, Damac, Jumeirah Beach Residence 1, Jumeirah Beach Residence 2)

The Beach at JBR

QUARTIER

3 PLAN P. 126, A6

Longeant le front de mer sur environ 1 km, The Beach est un ensemble de petits bâtiments organisés autour de places aérées. Prisé des familles le week-end, ce lieu mêle cafés et boutiques haut de gamme à une zone de divertissement, avec aire de jeux d'eau, espace de sport et marché d'artisanat. Vous pourrez poser votre serviette gratuitement quasiment partout. (04 317 3999 ; www.thebeach.ae ; Jumeirah Beach Residence, Dubai Marina ; entrée libre ; 10h-minuit dim-mer, 10h-1h jeu-sam ; P ; M Jumeirah Lakes Towers, Damac, Jumeirah Beach Residence 1, Jumeirah Beach Residence 2)

Aquaventure Waterpark

PARC AQUATIQUE

4 PLAN P. 126, E1

Sensations fortes assurées dans ce parc aquatique à l'hôtel Atlantis-The Palm. Une "rivière" de 1,6 km de long ponctuée de rapides sinue à travers un vaste domaine flanqué de deux tours. L'attraction phare est la Tower of Neptune, en forme de ziggourat, avec ses trois toboggans, dont le redoutable Leap of Faith : un plongeon quasi vertical dans un lagon infesté de requins. (04 426 1169 ; www.atlantisthepalm.com ; Atlantis The Palm, Palm Jumeirah ; plus/moins de 1,20 m 260/215 AED ; 10h-crépuscule ; ; Aquaventure)

Lost Chambers Aquarium

AQUARIUM

5 PLAN P. 126, E1

Les alligators albinos Ali et Blue sont les derniers arrivés dans ce fantastique labyrinthe de cuves et enclos sous-marins, mettant en scène le mythe de l'Atlantide. Quelque 65 000 créatures marines, parmi lesquelles raies, méduses et mérous géants, occupent 21 aquariums. Avec un supplément, on peut faire du snorkeling ou plonger avec les poissons de cet immense bassin de l'Ambassador Lagoon. (04 426 1040 ; www.atlantisthepalm.com ; Atlantis The Palm, Palm Jumeirah ; adulte/enfant 3-11 ans 100/70 AED ; 10h-22h ; P ; Aquaventure)

JBR Beach

PLAGE

6 PLAN P. 126, A6

Cette aire de loisirs agréable est très bien équipée. Les enfants peuvent se rafraîchir avec des jeux d'eau et il y a même un espace de sport en plein air. The Beach at JBR (p. 128) et de The Walk at JBR (p. 128) n'étant pas loin, boissons et nourriture ne manquent pas. Seuls les hôtels servent de l'alcool. (Jumeirah Beach Residence, Dubai Marina ; entrée libre ; ; M Jumeirah Lakes Towers, Jumeirah Lakes Towers)

Fairmont The Palm Beach Club

PLAGE

7 PLAN P. 126, E4

Ce club du luxueux Fairmont Hotel offre un panorama mémorable

The Walk at JBR

sur les gratte-ciel. Les parents se prélasseront sur la plage ou au bord de la piscine pendant que les petits pourront aller s'amuser au Fairmont Falcon Juniors' Club. (04 457 3388 ; www.fairmont.com/palm-dubai ; Fairmont The Palm, Palm Jumeirah ; forfait journalier sem/week-end adulte 250/300 AED, enfant 150 AED ; 6h30-20h ; P ; M Nakheel)

Club Mina

PLAGE

8 PLAN P. 126, C6

Le long d'une plage privée de 500 m, ce club comporte 5 piscines, un club pour enfants, un centre de sports aquatiques ainsi qu'un bar à cocktails flottant. (04 399 3333 ; www.clubminadubai.com ; Le Meridien Mina Seyahi Beach Resort, King Salman Bin Abdul Aziz al-Saud St, Dubai Media City ; forfait journalier sem/week-end adulte 225/350 AED, enfant 125/175 AED ; P ; M Nahkeel)

Pier 7

ÉDIFICE REMARQUABLE

9 PLAN P. 126, B7

Reliée au Dubai Marina Mall par une passerelle, cette tour circulaire doit son nom aux 7 restaurants répartis dans les étages – presque tous dotés d'une terasse avec vue. (04 436 1020 ; www.pier7.ae ; Marina Walk, Dubai Marina ; M Damac, Dubai Marina Mall)

Skydive Dubai

SAUT EN CHUTE LIBRE

10 PLAN P. 126, C6

Les aventuriers pourront sauter d'un avion et admirer Palm Jumeirah depuis le ciel le temps d'un saut en parachute. Il faut avoir 18 ans au moins, et des restrictions de taille et de poids s'appliquent. (04 377 8888 ; www.skydivedubai.ae ; Al-Seyahi St, Dubai Marina ; saut en tandem, vidéo et photos 2 000 AED ; 8h-16h lun-sam ; M Damac)

Explorations dans le désert

Pour les voyageurs effectuant un séjour court à Dubaï, un safari organisé en 4x4 est le meilleur moyen de découvrir le désert. Les circuits classiques comprennent du hors-piste, une balade à dos de dromadaire, une séance de henné et de danse orientale ainsi qu'un dîner traditionnel. Les excursions les moins chères visent Al-Awir, à 35 km à l'est de Downtown, tandis que quelques prestataires, dont **Platinum Heritage Tours** (04 388 4044 ; www.platinum-heritage.com ; 3e ét, Oasis Centre, Sheikh Zayed Rd, Al-Quoz 1 ; bureau 8h-18h ; M Noor Bank) et **Arabian Adventures** (800 272 2426, 04 303 4888 ; www.arabian-adventures.com ; Sheikh Zayed Rd, Emirates Holiday Bldg), ont l'autorisation d'emmener les voyageurs au Dubai Desert Conservation. L'expérience est plus authentique et respectueuse de l'environnement ; il faut réserver.

One&Only Spa

SPA

11 PLAN P. 126, D6

Dans ce spa sélect, doté d'une dizaine de salles, massages, gommages et soins vous requinqueront de la tête aux pieds. Le personnel vous aidera à dénicher l'option la mieux adaptée. Mention spéciale à l'Oriental Hammam. (04 315 2140 ; royalmirage.oneandonlyresorts.com ; One&Only Royal Mirage, King Salman Bin Abdul Aziz al-Saud St, Dubai Media City ; 9h30-21h, femmes uniquement 9h30-13h ; M Nakheel)

Splash Pad

PARC AQUATIQUE

12 PLAN P. 126, A6

Les bambins peuvent se rafraîchir grâce aux fontaines, arroseurs automatiques et autres jeux d'eau dans ce mini-parc aquatique aux couleurs éclatantes. Un secteur "sec" comporte également des balançoires et des structures à escalader. (www.splashpaddubai.com ; The Beach at JBR, Dubai Marina ; 1 heure/24 heures 65/95 AED ; 9h-20h ; ; M Jumeirah Lakes Towers, Jumeirah Beach Residence 2)

Emirates Golf Club

GOLF

13 PLAN P. 126, D8

Ce club prestigieux dispose de deux terrains : le célèbre parcours international de Majlis, sur lequel a lieu chaque année le **Dubai Desert** (04 383 3588 ; www.omegadubaidesertclassic.com ; Emirates Golf Club, Emirates Hills 2 ; billets 75-175 AED ; fév ; ; M Nakheel), et le terrain de Faldo. Les débutants peuvent commencer sur le parcours de 9 trous (heures de pointe/heures creuses 130/95 AED).

Les tarifs baissent fortement de fin mai à mi-septembre. (04 380 1234, 04 417 9800 ; www.dubaigolf.com ; Interchange n°5, Sheikh Zayed Rd, Emirates Hills 2 ; Majlis/Faldo dim-jeu 995/595 AED, ven-sam 1 200/695 AED ; M Nakheel)

Croisière nostalgique

L'entreprise locale **Tour Dubai** (plan p. 126, B7 ; 04 336 8407 ; www.tour-dubai.com ; Tour Dubai, Marina Walk, sous le pont Al-Gharbi St, Dubai Marina ; circuit 1 heure adulte/enfant 65/55 AED, dîner-croisière 300/150 AED ; M Jumeirah Lakes Towers, Dubai Marina Mall) propose des circuits guidés (1 heure) avec commentaire préenregistré en anglais, à bord d'anciens *dhows* équipés de banquettes. 8 croisières ont lieu chaque jour entre 10h30 et 17h30. Le soir, les boutres appareillent pour un dîner-croisière de 2 heures, avec buffet et musique enregistrée. On sert de l'alcool.

Se restaurer

Stay

FRANÇAIS $$$

14 PLAN P. 126, C5

Yannick Alléno, 3 étoiles au Michelin, fait des prodiges dans cette salle voûtée au style un rien théâtral. Ses créations trompeusement simples (le filet de bœuf à la sauce au poivre noir avec des frites remporte un franc succès) magnifient les produits. Les rayons débordant de douceurs de la Pastry Library vous réservent encore bien d'autres surprises. (04 440 1030 ; thepalm.oneandonlyresorts.com ; One&Only The Palm, Western Crescent, Palm Jumeirah ; plats 190-290 AED ; 19h-23h tlj sauf lun ; P ; M Nakheel, Dubai Internet City, Palm Atlantis)

Asia Asia

FUSION $$$

15 PLAN P. 126, B7

Partez pour un voyage sur la route des épices dans ce magnifique restaurant, salle exotique cernée d'alcôves, cachée au bout d'un couloir éclairé aux bougies. *Dim sum*, *tataki* de thon ou canard laqué, tous les plats sont imprégnés de saveurs d'Asie et du Moyen-Orient. Le bonus : la superbe vue sur la marina depuis la terrasse. Vente d'alcool au bar. (04 276 5900 ; www.asia-asia.com ; 6e ét, Pier 7, Dubai Marina ; plats 90-350 AED ; 16h-minuit ou plus tard ; ; M Damac, Dubai Marina Mall)

Mezze (sélection de plats chauds et froids)

XAVIER ARNAU/GETTY IMAGES ©

Maya Modern Mexican Kitchen

MEXICAIN $$$

16 PLAN P. 126, C6

Richard Sandoval, l'homme qui a introduit la cuisine mexicaine moderne aux États-Unis, est aux commandes de ce restaurant chic et décontracté. Au menu : guacamole crémeux, tacos de poisson sauce cacahuète, poulet *mole poblano* ou *fajitas* aux crevettes. Notre conseil : venez avant le coucher de soleil pour une succulente margarita sur le toit-terrasse. Excellent brunch également. (04 316 5550 ; www.maya-dubai.com ; Le Royal Meridien Beach Resort & Spa, Al-Mamsha St, Dubai Marina ; plats 110-200 AED, brunch sans/avec alcool 325/435 AED ; 19h-1h lun-sam ; P ; M Damac, Jumeirah Beach Residence 1)

Bouchon Bakery

BOULANGERIE $

17 PLAN P. 126, A6

Ce café classique – une succursale de la célèbre chaîne américaine du chef Thomas Keller – propose des pâtisseries, gâteaux et macarons à se damner. Tout est mitonné le matin même dans la cuisine aux murs vitrés. La sélection de soupes, salades et sandwichs à prix raisonnables est variée, et le café excellent. Prenez une table en terrasse ou glissez-vous dans une alcôve molletonnée de cuir sombre, à l'intérieur, pour échapper au soleil. (04 419 0772 ; www.thebeach.ae ; The Beach at JBR ; pâtisseries 13-20 AED, gâteaux 20-24 AED, plats 50 AED ; 8h-23h dim-jeu, 8h-minuit ven-sam ; ; M Jumeirah Lakes Towers)

Indego by Vineet

INDIEN $$$

18 PLAN P. 126, C6

Vineet Bhatia, premier chef indien étoilé au Michelin, a créé la carte de ce lieu sublime et intimiste où la salle à manger est dominée par les bronzes gigantesques de Nataraja. Les plats oscillent entre tradition et inovation, pour des résultats souvent épatants. (04 317 6000 ; www.indegobyvineet.com ; rdc, Tower One, Grosvenor House, Al-Emreef St, Dubai Marina ; plats 115-240 AED, brunch avec/sans alcool 350/250 AED ; 19h-minuit ; P ; M Damac, Jumeirah Beach Residence 1)

101 Lounge & Bar

MÉDITERRANÉEN $$$

19 PLAN P. 126, C5

Difficile de se concentrer sur la nourriture quand on peut contempler les gratte-ciel de Dubai Marina par la fenêtre du pavillon. Venez pour les petites bouchées et les cocktails du bar, ou optez pour un vrai dîner (paella, grillades, pâtes). La nouveauté : le bar à champagne ultra luxueux. Au moment de réserver, renseignez-vous sur le bateau-navette gratuit. (04 440 1010 ; thepalm.oneandonlyresorts.com ; One&Only The Palm, West Crescent, Palm Jumeirah ; plats 85-295 AED, tapas 35-80 AED ; 11h30-2h lun-sam ; ; M Nakheel, Dubai Internet City, Atlantis Aquaventure)

Mythos Kouzina & Grill GREC $$

20 PLAN P. 126, B7

Aménagé comme une taverne traditionnelle de bord de mer, Mythos est un petit morceau de Santorin dissimulé dans le cadre un peu incongru de l'Armada BlueBay Hotel des JLT. Commandez une sélection d'entrées à partager – les *keftedakia* (boulettes de viande) sont particulièrement savoureuses – puis choisissez entre les spécialités de la maison comme la moussaka et les *souvlakis* et les excellentes grillades de viande et produits de la mer. (04 399 8166 ; www.mythoskouzina.com ; niveau B1, Armada BlueBay Hotel, Cluster P, Jumeriah Lakes Towers ; plats 45-89 AED ; 12h30-17h et 19h-23h30 ; M Damac Properties)

Zero Gravity INTERNATIONAL $$

21 PLAN P. 126, C6

Près de la zone de saut de Skydive Dubai, ce restaurant distingué, doublé d'un club de plage, remplit les estomacs à toute heure, du petit-déjeuner aux en-cas de fin de soirée. Pizzas, pâtes, sandwichs, grillades et salades sont mitonnés avec brio, à partir d'ingrédients frais et sains. (04 399 0009 ; www.0-gravity.ae ; Al-Seyahi St, Skydive Dubai Drop Zone, Dubai Marina ; plats 50-250 AED ; 8h-2h ; P ; M Damac)

Fümé INTERNATIONAL $$

22 PLAN P. 126, B7

Avec son style industriel-chic, sa clientèle décontractée et sa bonne cuisine internationale, Fümé apporte bien plus qu'une touche de cool citadin à la Marina. Le best-seller du menu est un plat-de-côtes ultra tendre rôti 6 heures dans un four à charbon de bois. Pas de réservations. (04 421 5669 ; www.fume-eatery.com ; niveau 1, Pier 7, Marina Walk, Dubai Marina ; plats 55-125 AED ; 12h-2h sam-mer, 9h-2h jeu-ven ; ; M Jumeirah Lakes Towers, Dubai Marina Mall)

Eauzone ASIATIQUE $$$

23 PLAN P. 126, E6

Ce petit bijou est le rendez-vous des amis, des amoureux et des familles chics qui profitent d'un magnifique cadre en bord de mer, sur des pontons en bois ombragés et des *majlis* flottants sur des bassins illuminés. Décontractée en journée, l'ambiance est douce et intimiste le soir ; idéal pour se concentrer sur des délices comme le loup de mer enveloppé dans des feuilles de lotus, ou le charbonnier glacé au miso. (04 399 9999 ; www.royalmirage.oneandonlyresorts.com ; Arabian Court, One&Only Royal Mirage, King Salman Bin Abdul Aziz al-Saud St, Dubai Media City ; plats 80-165 AED ; 12h-15h30 et 19h-23h30 ; P ; M Nakheel, Palm Jumeirah)

BiCE ITALIEN $$$

24 PLAN P. 126, B6

À Milan dans les années 1930, Beatrice "Bice" Ruggeri a ouvert sa première trattoria, devenue la plus tendance de la ville dans les années 1970. Aujourd'hui,

Un tramway nommé Dubaï

La Dubai Marina est l'un des secteurs les plus agréables de la ville pour les piétons. Elle est aussi desservie par le Dubai Tram (www.alsufouhtram.com), qui marque 11 arrêts, notamment près du Marina Mall, à The Beach at JBR et à The Walk at JBR. Il est aussi relié aux stations de métro Damac et Jumeirah Lakes Towers et au Palm Jumeirah Monorail à la station Palm Jumeirah. Il faut obligatoirement utiliser une **Nol Card** (p. 148).

le BiCE de Dubaï perpétue la tradition tout en ajoutant des touches créatives aux classiques comme le loup de mer au four et le filet de veau sauce foie gras. Le chariot d'huiles d'olive est une touche sympathique. (04 399 1111 ; Hilton Dubai Jumeirah, The Walk at JBR, Dubai Marina ; pâtes 70-195 AED, plats 150-230 AED ; 12h30-15h30 et 19h-23h30 ; P ; M Jumeirah Lakes Towers, Jumeirah Beach Residence 1, Jumeirah Beach Residence 2)

Prendre un verre

Barasti — BAR

25 PLAN P. 126, C6

De cabane de plage sommaire à bar sympathique souvent bondé de joyeux fêtards, depuis 1995, Barasti a bien changé. Au programme : matchs de foot et rugby sur grand écran, billards, location de matériel aquatique, *happy hour* tous les jours, concerts ponctuels et boissons spéciales plusieurs soirs par semaine. (04 318 1313 ; www.barastibeach.com ; King Salman Bin Abdul Aziz Al-Saud St, Dubai Media City ; entrée libre ; 11h-1h30 sam-mer, 11h-3h jeu-ven ; ; M Nakheel)

Lock, Stock & Barrel — BAR

26 PLAN P. 126, F8

Ouvert en 2016, LSB est la preuve que malgré son caractère bling-bling, Dubaï possède des lieux nocturnes authentiques. Décoré dans le style industriel chic, cet établissement sur deux niveaux rassemble une clientèle sans prétention appréciant les cocktails et la bière artisanale, les concerts occasionnels et la délicieuse cuisine du sud des États-Unis. *Happy hour* (2 boissons pour le prix d'une) tous les jours de 16h à 18h. (04 514 9195 ; www.lsbdubai.com ; 8e ét, Grand Millennium Hotel, Barsha Heights ; 16h-3h lun-jeu, 13h-3h ven, 14h-3h sam-dim)

Lucky Voice — KARAOKÉ

27 PLAN P. 126, F8

Cet établissement britannique dispose de plusieurs salles de karaoké privatives dans lesquelles des groupes de 6 à 25 personnes sont tout à fait à l'aise (ou presque)

Terrasse sur la Marina avec vue sur Downtown

pour interpréter des morceaux tirés d'une liste interminable. Même si vous n'aimez pas chanter, venez pour une *Ladies Night* ou un brunch du vendredi. Certains soirs, le groupe de la maison joue des classiques funk, rock et soul, parfaits pour danser jusque tard dans la nuit. (✆800 58259 ; www.luckyvoice.ae ; Grand Millennium Hotel, Barsha Heights ; karaoké 50 AED/heure pour les 2 premières heures, puis 30 AED ; ⏲16h-3h ; 📶 ; Ⓜ Dubai Internet City)

Industrial Avenue
CLUB

28 PLAN P. 126, D6

Avec ses murs en béton couverts de graffitis, ses meubles dépareillés et sa bande-son électro, ce club à l'allure d'entrepôt, niché derrière le bar China Grill, serait tout à fait à sa place dans les rues de Londres ou Berlin. Les prix des boissons sont corrects. Attention : le sol irrégulier ne convient pas aux escarpins à talons hauts. (✆04 511 7139 ; www.industrialavenuedubai.com ; Westin Dubai Mina Seyahi Beach Resort & Marina, King Salman bin Abdulaziz al-Saud St, Dubai Media City ; ⏲22h-3h jeu-ven)

Jetty Lounge
BAR

29 PLAN P. 126, D6

Élégant mais sans prétention, le Jetty est tout entier dévolu à la détente (de préférence au coucher du soleil) grâce à ses moelleux canapés blancs disséminés sur le sable. Large choix de boissons et en-cas de tous horizons pour grignoter. (✆04 399 9999 ; www.royalmirage.oneandonlyresorts.com ; One&Only Royal Mirage, The Palace, King

Salman Bin Abdul Aziz al-Saud St, Dubai Media City ; 14h-2h ; ; M Nakheel, Palm Jumeirah)

Siddharta Lounge
BAR

30 PLAN P. 126, C6

Siddharta est une oasis urbaine et l'adresse rêvée pour côtoyer une clientèle dubaïote glamour au bord de la piscine. Bonne musique, cocktails préparés avec art et service rapide : voilà qui compense l'addition, assez salée. (04 317 6000 ; www.siddhartalounge.com ; Tower 2, Grosvenor House, Al-Emreef St, Al-Saud St, Dubai Marina ; 12h30-15h30, 18h30-minuit sam-mer, 18h-0h30 jeu-ven ; ; M Damac)

Pure Sky Lounge
BAR

31 PLAN P. 126, B6

Au 35e étage du Hilton, ce lounge chic, en intérieur et en extérieur, offre une vue sensationnelle sur The Beach at JBR et sur Palm Jumeirah. Le mobilier blanc rehaussé de coussins turquoise contribue à l'atmosphère maritime décontractée. (04 399 1111 ; Hilton Dubai Jumeirah, The Walk at JBR, Dubai Marina ; 17h-1h ; ; M Damac, Jumeirah Beach Residence 1)

Bliss Lounge
BAR

32 PLAN P. 126, A6

Dans ce lounge de bord de mer avec vue sur la grande roue Ain Dubai, le coucher du soleil est le moment idéal pour s'installer au bar circulaire ou sur un canapé moelleux, dans une "alcôve" sous tente. Dégustez une boisson fraîche, fumez un narguilé et picorez des sushis tout en écoutant du jazz ou de la house mixée par un DJ local. (04 315 3886 ; www.blissloungedubai.com ; Sheraton Jumeirah Beach Resort, Al-Mamsha St/Te Walk at JBR, Dubai Marina ; 12h30-2h ; ; M Jumeirah Lakes Towers)

Nasimi Beach
BAR

33 PLAN P. 126, E1

Ce club de l'Atlantis s'adresse aux mordus de la fête, éventuellement adeptes de la drague (les enfants ne sont pas admis). On y perfectionne son hâle allongé sur un transat double sur fond de house, de funk et d'électro. L'ambiance s'anime l'après-midi, surtout le week-end. *Happy hour* de 17h à 19h (18h-20h le week-end). (04 426 2626 ; www.atlantistheplan.com ; West Beach, Atlantis The Palm, Palm Jumeirah ; dépense minimale lun-jeu 150 AED, ven-dim 250 AED ; 11h-minuit dim-jeu, 9h-minuit ven-sam ; Aquaventure)

Buddha Bar
BAR

34 PLAN P. 126, C6

Décoration théâtrale (dont un bouddha de 7 m de haut) et large choix de spécialités asiatique, le Buddha Bar est toujours l'occasion de vivre une expérience unique. N'hésitez pas à prolonger la soirée au lounge de l'étage ; DJ 3 soirs par semaine et délicieux cocktails. (04 317 6000 ; www.buddhabar-dubai.com ; Grosvenor House,

Être une femme aux Émirats arabes unis

La question de la condition des femmes peut être à l'origine de certains préjugés et malentendus entre Moyen-Orientaux et voyageurs étrangers.

Idées reçues

Les vérités partielles et les stéréotypes existent des deux côtés : les étrangers pensent parfois que toutes les femmes moyen-orientales sont voilées et soumises à un rôle de victime, tandis que certains habitants considèrent que les Occidentales sont obsédées par le sexe et immorales.

On imagine souvent qu'il est très difficile et stressant pour une femme de voyager à Dubaï, mais c'est une erreur. Tout d'abord, soyons clair, vous n'aurez pas à porter une burka, un foulard ou un voile. Vous aurez le droit de conduire. Vous ne serez pas constamment harcelée. Vous pourrez, sans risque, prendre un taxi, séjourner à l'hôtel et vous balader seule dans la plupart des secteurs.

Les femmes émiraties dans la société

Traditionnellement, le rôle de la femme dans cette région du monde est celui de mère et de responsable du foyer, tandis que l'homme assure le revenu financier. Toutefois, comme dans toute société, la réalité est parfois bien plus nuancée. Aux Émirats arabes unis, certaines femmes sont pilotes d'avions de combat, officiers de police, chercheuses, ambassadrices, chefs d'entreprise ou exploratrices de l'Antarctique. Sept des 29 membres du cabinet des Émirats arabes unis sont des femmes.

Al-Emreef St, Dubai Marina ; 19h-1h30 sam-mer, 19h-2h30 jeu-ven ; ; M Damac, Dubai Marina Mall)

Sortir

MusicHall

MUSIQUE LIVE

35 PLAN P. 126, C4

Ni tout à fait un théâtre, ni un club, ni un bar, ni un restaurant : le somptueux MusicHall est tout cela à la fois. Le concept vient de Beyrouth, où le public applaudit depuis 2003 un éventail éclectique de 10 concerts (musique indienne, country, rock et même des ballades russes). La nourriture (cuisine fusion et mets internationaux à grignoter avec les doigts) est secondaire. (056 270 8670 ; www.jumeirah.com ; rdc, Jumeirah Za'abeel Saray, West Crescent, Palm Jumeirah ; plats 170-290 AED, dépense minimale 450 AED ; 21h-3h jeu-ven ; Aquaventure)

Shopping

Dubai Marina Mall CENTRE COMMERCIAL

36 PLAN P. 126, B7

Ce *mall*, agréablement situé en bord de mer, compte seulement 140 boutiques sur 4 étages : vous ne vous y perdrez pas aussi facilement que dans les centres commerciaux géantissimes du centre-ville. Son principal atout architectural est l'atrium central, que les enfants peuvent arpenter à bord d'un train miniature. (04 436 1020 ; www.dubaimarinamall.com ; Dubai Marina Walk, Dubai Marina ; 10h-23h sam-mer, 10h-minuit jeu-ven ; ; M Damac)

Gallery One ART

37 PLAN P. 126, B6

Si vous aimez l'art mais que vous ne pouvez pas vous offrir un original, choisissez une belle reproduction d'un artiste du Moyen-Orient. Certains motifs existent également sous forme de cartes de vœux, d'affiches, de carnets et de calendriers. (04 423 1987 ; www.g-1.com ; The Walk at JBR, Dubai Marina ; 10h-22h ; M Jumeirah Lakes Towers, Jumeirah Beach Residence 1)

Ginger & Lace MODE ET ACCESSOIRES

38 PLAN P. 126, A7

Dans cette boutique indépendante située dans l'India Court à Ibn Battuta, vous trouverez une sélection éclectique et tournante de vêtements colorés et originaux conçus par des créateurs des quatre coins de la planète. La plupart des pièces sont assez tape-à-l'œil : si vous aimez vous fondre dans la foule, passez votre chemin. (04 368 5109 ; www.facebook.com/gingerandlace ; Ibn Battuta Mall, Sheikh Zayed Rd, Jebel Ali ; 10h-22h dim-mer, 10h-minuit jeu-sam ; M Ibn Battuta)

L'heure du brunch

À Dubaï, la semaine de travail s'étend du dimanche au jeudi. Le vendredi, jour de congé, le brunch est une institution. Le moindre hôtel-restaurant met en place un buffet à volonté, avec vin ou même champagne à volonté en option. Certains restaurants indépendants servent des brunchs sans alcool. Voici nos adresses coup de cœur. Réservations obligatoires.

Nos conseils

- Réservez votre brunch du vendredi le week-end précédent au plus tard.
- Partez tôt – tenter de prendre un taxi pour se retrouver bloqué dans les embouteillages à 12h30 est très frustrant.

❶ La caverne d'Ali Baba

Délices en perspective au Friday Brunch d'**Al-Qasr** (www.jumeirah.com ; P @ ; M Mall of the Emirates). Choisissez entre les burgers au bœuf Wagyu grillé et des spécialités de Bangkok, Paris ou Mexico. Un groupe de musiciens assure l'animation. Brunch sans/avec alcool 495/595 AED.

❷ Le brunch de la route des Épices

Savourez un succulent repas sur la terrasse d'**Asia Asia** (p. 132), avec vue sur la Dubai Marina. Composez votre assortiment de sushis puis régalez-vous d'agneau rôti ou de saumon mariné au miso. Le brunch est servi de 14h à 17h le vendredi. Tarif : sans alcool/champagne 295/649 AED.

❸ Au son du jazz

Faites le plein de délices italiens lors d'un réjouissant brunch au **Jazz@PizzaExpress** (www.pizzaexpressuae.com ; M Jumeirah Lakes Towers). Jazz live. Brunch sans/avec alcool 129/199 AED.

❹ Saveurs internationales

Bubbalicious est un feu d'artifice culinaire proposé par le **Westin Dubai Mina Seyahi Beach Resort & Marina** (www.westinminaseyahi.com ; M Nakheel, Mina Seyahi). Vous y trouverez 10 postes de cuisine et des animations pour les familles, comme un petit zoo d'animaux à caresser, des acrobates et une aire de jeux. Brunch avec boissons sans alcool/mousseux/champagne 450/550/680 AED.

❺ Après-midi de fête

Au club de plage **Zero Gravity** (p. 134), le brunch de l'Onshore Social ouvre l'après-midi : idéal pour les lève-tard avides de saveurs du monde entier ; des *dim sum* (bouchées cantonaises à la vapeur) aux antipasti, en passant par une divine sélection de desserts. La relève nocturne est assurée par des DJ. Le brunch coûte 395 AED, mais pour siroter du mousseux et accéder à la piscine et à la plage, il faut débourser 666 AED.

❻ Fiesta pour tous

En bord de plage, le brunch Mas Mas Maya du **Maya Modern Mexican Kitchen** (p. 132) est l'occasion de déguster des *fajitas*, du guacamole et du *ceviche* avant de conclure par des *churros* et de la glace. Le prix comprend l'accès à la piscine et à la plage du Royal Meridien Beach Resort & Spa. Le brunch est servi le vendredi de 12h30 à 16h et coûte 325/475 AED sans/avec alcool.

❼ Délices carnivores

Les amateurs de grillades adorent le brunch Hola Hola de **Toro Toro** (www.torotoro-dubai.com ; M Damac, Jumeirah Beach Residence 1), un bastion latino dans la Grosvenor House. L'occasion de goûter aux créations de la star des fourneaux Richard Sandoval. Le brunch coûte 300/380 AED sans/avec alcool.

Vaut le détour

Abu Dhabi

Le premier Louvre en dehors de France, une mosquée d'une beauté inouïe, les montagnes russes les plus rapides du monde, un vertigineux circuit de Formule 1... À environ 150 km au sud de Dubaï, la capitale des Émirats arabes unis, Abu Dhabi, plus sobre que sa cousine du nord, a discrètement acquis un impressionnant éventail d'attractions et une solide réputation de destination touristique à part entière.

L'excursion d'une journée à Abu Dhabi s'effectue aisément depuis Dubaï.

Toutes les 40 minutes depuis la gare routière Al-Ghubaiba de Dubaï, à Bur Dubai (aller/aller-retour 25/40 AED, 2 heures)

Un taxi coûte environ 300 AED.

Louvre Abu Dhabi

Conçu par Jean Nouvel, l'époustouflant **Louvre Abu Dhabi** (www.louvreabudhabi.ae ; Cultural District, Saadiyat Island ; 60 AED) a finalement ouvert ses portes fin 2017. Les rayons du soleil, s'infiltrant à travers son gigantesque dôme perforé, illuminent les 600 œuvres inestimables contenues dans ses 23 galeries. Parmi les pièces maîtresses figurent un tableau de Léonard de Vinci, un Bouddha chinois et un bronze du Bénin.

Grande mosquée Sheikh Zayed

Majestueusement dressée au milieu de vastes jardins, la **grande mosquée Sheikh Zayed** (en photo ; www.szgmc.ae ; près de Sheikh Rashid Bin Saeed St ; entrée libre ; ⌚9h-22h sam-jeu, 16h30-22h ven, visites 10h, 11h, 14h, 17h et 19h dim-jeu, 17h et 19h ven) est le plus impressionant emblème d'Abu Dhabi. Pouvant accueillir jusqu'à 50 000 fidèles, elle est aussi l'une des rares mosquées de la région ouverte aux non-musulmans.

Emirates Palace

Si le Burj Khalifa de Dubaï mise sur la verticalité, l'**Emirates Palace** (www.emiratespalace.com ; Corniche Rd West ; entrée libre) est aménagé tout à l'horizontale, avec un héliport, de l'or à profusion, 114 coupoles et une plage privée de 1,3 km.
La construction de cet hôtel, l'un des plus grands du golfe Persique avec ses 392 chambres et suites de luxe, aura coûté 11 milliards de dirhams.

Hôpital des faucons d'Abu Dhabi

Les faucons font partie intégrante de la culture traditionnelle du golfe Persique, ce qui fait de cet **hôpital** (www.falconhospital.com ; Sweihan Rd ; visite 2 heures adulte/enfant 170/60 AED ; ⌚visites 14h sam, 10h et 14h dim-jeu) une infrastucture très utile et appréciée. Découvrez le musée du Faucon, la salle de consultation et la volière. Réservations obligatoires.

★ A savoir

- Le **Big Bus Abu Dhabi** (☎02-449 0026 ; www.bigbustours.com ; billet 24 heures adulte/enfant 255/166 AED, billet 48 heures adulte/enfant 299/192 AED ; ⌚9h-17h) permet de monter et descendre en toute liberté dans la ville.
- Participez à une visite gratuite de la grande mosquée (en anglais).

✕ Une petite pause ?

Al-Dhafra (www.aldhafrauae.ae ; Al-Mina Port ; buffet déj/dîner à partir de 120/99 AED, dîner-croisière 150 AED ; ⌚12h-17h et 18h30-23h15 ; wifi) est un bijou dissimulé proposant la meilleure cuisine émiratie de la ville.

Le Café (www.emiratespalace.com ; Corniche Rd West, Emirates Palace ; thé/goûter 380-480 AED ; ⌚ thé/goûter 14h-18h ; wifi) de l'Emirates Palace vous invite à goûter au luxe ultime d'un cappuccino saupoudré de copeaux d'or 24 carats (60 AED).

Carnet pratique

Abra (bateau en bois traditionnel) sur le Dubai Creek

CLARI MASSIMILIANO/SHUTTERSTOCK ©

Avant de partir

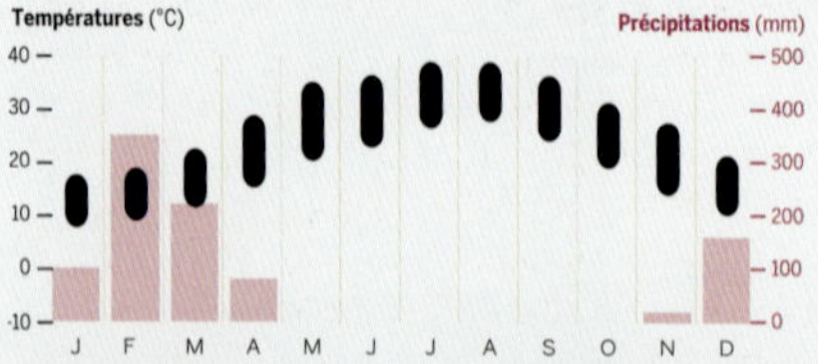

Quand partir

- **Hiver (déc-fév)** Températures modérées, journées courtes, pluies occasionnelles, fêtes et activités en nombre.
- **Printemps (mars-avr)** Environ 30°C : un temps de plage.
- **Été (juil-sept)** Les températures montent (43°C en moyenne, humidité à 95%), les tarifs des hôtels baissent.
- **Automne (oct-nov)** Temps chaud, nuits douces : la vie reprend au dehors.

Hébergement

- Les prix des chambres varient énormément : ils atteignent un pic lors des festivals, jours fériés et grands évènements et chutent durant les mois d'été.
- Aux tarifs des chambres s'ajoutent 10% de taxe d'hébergement municipale, 10% de frais de service, 5% de TVA et une "taxe de séjour" de 7 à 20 AED par nuit.
- Piscine, restaurants en nombre, salle de sport, TV par satellite et bar : même les hôtels de catégorie moyenne sont souvent superbement équipés.
- Si vous aimez prendre un verre de temps en temps, vérifiez que votre hôtel sert de l'alcool.
- Les résidences hôtelières sont l'idéal pour les voyageurs indépendants, les familles et les groupes.
- Pour une touche de charme, sachez que de plus en plus de bâtiments anciens sont convertis en boutiques-hôtels à Bur Dubai et à Deira.
- Selon la loi, les couples non mariés n'ont pas le droit de partager une chambre. Dans les faits, beaucoup d'hôtels ferment les yeux.
- Le Wi-Fi est généralement gratuit ; seuls quelques hôtels facturent ce service, parfois jusqu'à 100 AED/jour.

Sites internet

Visit Dubai (www.visitdubai.com). Le site de l'office du tourisme permet entre autres de réserver un hôtel.

Dnata (www.dnatatravel.com). L'une des principales agences de voyages pour le Moyen-Orient, basée à Dubaï.

Petits budgets

Rove Downtown (www.rovehotels.com). Une base urbaine à prix modérés avec vue sur le Burj Khalifa.

Ibis Mall of the Emirates (www.ibis.com). Sans fioritures mais confortable et parfaitement situé.

Premier Inn Dubai International Airport (https://global.premierinn.com). Idéal à l'arrivée ou au départ, cet hôtel design jouxte l'aéroport.

Rove City Centre (www.rovehotels.com). Branché mais pratique, avec des équipements que l'on trouve plutôt dans les établissements chics.

Centro Barsha (www.rotana.com/centrobarsha). Hôtel design à l'ambiance plaisante et aux équipements modernes, près du Mall of the Emirates.

Catégorie moyenne

XVA Hotel (www.xvahotel.com). Plongez dans l'enchantement du temps jadis dans ce lieu historique riche en œuvres d'art.

Le Meridien Mina Seyahi Beach Resort (www.lemeridien-minaseyahi.com). Cadre agréable et bon rapport qualité/prix, au bord de l'eau. Parfait pour les sportifs.

Media One Hotel (www.mediaonehotel.com). Adresse tendance et trépidante avec décoration moderne. Ambiance festive et décontractée.

Pearl Marina Hotel Apartments (www.pearlmarinahotel.com). Tous les charmes de Dubai Marina à vos pieds sans se ruiner.

Beach Hotel Apartment (www.beachhotelapartment.ae). Une bonne affaire dans le quartier de Jumeirah. Emplacement imbattable, accès facile aux plages et aux commerces alentours.

Catégories supérieure et luxe

Al-Qasr Hotel (www.jumeirah.com). Dans Jumeirah, adresse luxueuse pour une clientèle prestigieuse. Plage privée de 2 km et succulent dîner au bord du canal.

Grosvenor House (www.grosvenorhouse-dubai.com). Les chasseurs de tendance apprécient les bars et restaurants branchés de cet hôtel d'inspiration Art déco.

One&Only The Palm (www.thepalm.oneandonlyresorts.com). Somptueux complexe hôtelier avec jolies touches mauresques et immenses jardins.

Park Hyatt Dubai. Une pépite au cœur d'un verdoyant parc paysager. Superbes aménagements et accès à un parcours de golf.

Raffles Dubai (www.raffles.com/dubai). Décoration chic et raffinée, avec jeux d'eau, excellent restaurant japonais et lounge sur le toit-terrasse.

Palace Downtown (www.theaddress.com). Une adresse romantique en centre-ville, avec vue fabuleuse sur le Burj Khalifa et un accès aisé à des boutiques haut de gamme.

Carte Nol

- Pour prendre les transports publics, il faut acheter un billet ou une carte Nol dans les stations de métro ou auprès des automates.
- La carte doit être posée sur le lecteur à la montée puis à la descente, où le montant exact du trajet sera calculé.
- Pour un séjour court, mieux vaut acheter un Nol Red Ticket, qui coûte 2 AED, et du crédit pour au moins un trajet. Le billet peut être rechargé jusqu'à 10 fois mais ne peut être utilisé que pour un mode de transport à la fois.
- Si vous prévoyez de faire plus de 10 trajets, procurez-vous la carte prépayée Nol Silver Card (25 AED, dont 19 AED de crédit).
- Vous en saurez plus sur www.nol.ae.

Arriver à Dubaï

Aéroport de Dubaï

- La plupart des vols internationaux arrivent à cet aéroport situé au nord de Deira.
- La ligne rouge (Red Line) du métro circule de 5h30 à minuit (5h30-1h jeu-ven) au départ des terminaux 1 et 3. Le vendredi, les premiers trains partent à 10h.
- Deux bagages maximum autorisés.
- Il faut obligatoirement acheter une carte de transport "Nol card" à la station.
- Des taxis attendent à l'extérieur de chaque terminal, tous les jours, 24h/24. Un supplément de 25 AED s'applique pour les courses au départ de l'aéroport, puis le tarif est de 1,96 AED/km.
- Pour une course en taxi, compter environ 50 AED jusqu'à Deira, 60 AED pour Bur Dubai, 70 AED jusqu'à Downtown Dubai, 110 AED jusqu'au Madinat Jumeirah et 130 AED jusqu'à Dubai Marina.

Aéroport international Al-Maktoum

- À environ 50 km au sud de Downtown, le nouvel aéroport de Dubaï est encore en travaux et accueille peu de vols.
- Le bus F55 relie l'aéroport à la station de métro Ibn Battuta toutes les heures. De là, la Red Line (ligne rouge) dessert les quartiers stratégiques.
- Des taxis attendent devant le terminal des passagers. Comptez environ 70 AED pour Dubai Marina, 110 AED pour Downtown Dubai et 120 AED pour Bur Dubai.

Depuis la France

Au départ de Paris, **Air France** (☎36 54 ; www.airfrance.fr) propose 7 vols directs par semaine vers Dubaï (6 heures 50, à partir de 449 €).

Emirates (☎01 57 32 49 99 ; www.emirates.com/fr) assure 20 vols directs par semaine de Paris à Dubaï. En juillet-août, chaque semaine, la compagnie propose aussi 8 liaisons Nice-Dubaï et 5 vols Lyon-Dubaï. Au départ des

3 villes, comptez de 6 heures 30 à 7 heures de vol et à partir de 429 €.

Depuis la Belgique

Au départ de Bruxelles, **Emirates** (☎ 02 700 7007 ; www.emirates.com/be/french) assure 9 vols directs par semaine pour Dubaï. Comptez environ 6 heures 40 de vol et à partir de 380 €.

Depuis la Suisse

Au départ de Zurich, **Swiss** (☎ 0848 700 700 ; www.swiss.com/ch/FR) propose des vols directs quotidiens pour Dubaï (environ 6 heures 15, à partir de 739 FS). De Genève ou de Bâle, il faut faire escale à Zurich.

Emirates (☎ 0844 111 555 ; www.emirates.com/ch/french) assure des vols directs quotidiens Zurich-Dubaï à partir de 765 FS. Des directs quotidiens Genève-Dubaï sont aussi proposés une grande partie de l'année.

Depuis le Canada

Au départ de Toronto, **Emirates** (☎ 0800 777 3999 ; www.emirates.com/ca/french/) assure 3 vols directs par semaine vers Dubaï (environ 13 heures, à partir de 1 400 $CA environ) une grande partie de l'année.

De nombreuses compagnies proposent des vols avec escale au départ de différents aéroports canadiens.

Comment circuler

Bateau

- Les *abra* (bateaux-taxis traditionnels en bois ; 1 AED) sont fabuleux pour traverser Dubai Creek entre Bur Dubai et Deira.
- Les bateaux-bus (3-5 AED/trajet)

Un fil d'ARIANE en voyage

Le **portail Ariane** (pastel.diplomatie.gouv.fr/fildariane), mis en place par le Centre de crise du ministère des Affaires étrangères, est un service gratuit permettant au voyageur français à l'étranger d'être contacté par le service consulaire, sur son téléphone portable ou par e-mail, au cas où des événements graves (crise politique, catastrophe naturelle, attentat…) se produiraient dans le pays durant son séjour, ou de contacter rapidement sa famille ou ses proches en France en cas de besoin.

La procédure d'inscription se réalise en ligne, où vous donnez des informations sur votre voyage (dates de départ et de retour, numéro de téléphone portable, coordonnées d'éventuels contacts sur place, adresses de séjour et itinéraire prévu, etc.).

Grâce à ce service, vous recevrez en outre, avant votre départ, des recommandations de sécurité par e-mail si la situation dans le pays le justifie.

Il existe une application pour les smartphones et les tablettes, intitulée *Conseils aux voyageurs*.

sont climatisés et desservent 5 arrêts autour de Dubai Marina.

- Le Dubai Ferry (50 AED ; www.dubai-ferry.com) circule entre Dubai Marina et Bur Dubai et le long du Dubai Canal. Les deux parcours se croisent à la station Dubai Canal.

Bus

- Les bus sont propres, confortables, climatisés et bon marché, mais ils sont lents et surtout utilisés par les travailleurs.
- Les tarifs vont de 3 à 8,50 AED et il faut impérativement utiliser une Nol Card.
- Consultez www.dubai-buses.com pour des renseignements.

Métro

- Le métro de Dubaï possède deux lignes. La Red Line (ligne rouge) relie Rashidiya, près de l'aéroport international de Dubai, à Jebel Ali, après la Dubai Marina. Elle circule en parallèle à Sheikh Zayed Rd. La Green Line (ligne verte) relie Etisalat à la station Creek près de Dubai Healthcare City.
- Les rames circulent environ toutes les 10 minutes de 5h à 24h sam-mer, 5h30-1h jeu, et 10h-1h ven).
- Les tarifs vont de 2 à 6,50 AED.
- Pour en savoir plus et organiser vos trajets, rendez-vous sur http://wojhati.rta.ae

Taxi

- Vous pourrez héler votre taxi dans la rue, le prendre à une station de taxis ou le réserver par téléphone.
- Prise en charge des taxis dans la rue : 8 AED de 6h à 22h, 9 AED de 22h à 6h. Les chauffeurs acceptent les cartes bancaires.
- Le tarif est de 1,82 AED/km, avec un montant minimum de 12 AED.
- Généralement, les destinations ne sont pas indiquées par un nom de rue, mais par le point de repère le plus proche (par exemple un hôtel, un centre commercial, un rond-point ou un édifice important).

Pas d'impairs

- Demandez systématiquement la permission avant de prendre quelqu'un en photo.
- Déchaussez-vous avant d'entrer dans une maison.
- Portez votre maillot de bain uniquement à la piscine ou à la plage.
- Acceptez ce que l'on vous offre, par exemple du café ou des dattes.
- Ne jurez pas, ne criez pas, ne faites pas de gestes obscènes (un doigt d'honneur, tirer la langue, etc.).
- Ne montrez jamais quelqu'un du doigt, ne pointez pas vos pieds en direction d'une personne.
- Ne vous saoulez pas dans les lieux publics : c'est sévèrement puni (amende, voire prison).
- Abstenez-vous de tout geste d'affection en public (vous pouvez vous tenir la main).

Infos pratiques

Argent

- Le cours du dirham des Émirats (AED) est indexé sur le dollar. Un dirham est divisé en 100 fils.
- Il y a des DAB partout en ville. Les cartes bancaires sont acceptées dans la plupart des hôtels, restaurants e t boutiques.
- Les agents de change offrent souvent un meilleur taux que les banques. Fiables, UAE Exchange et Al-Rostamani ont tous deux de multiples agences en ville.

Pourboires

- Pour les porteurs de bagages et les femmes de chambre, prévoyez 5 à 10 AED par jour. Les serveurs et les employés de spa reçoivent 10 à 15% de l'addition (en espèces). Dans les taxis, arrondissez le prix de la course.

Électricité

220 V / 50 Hz

Formalités et visas

- Les citoyens de 49 pays, dont tous les pays de l'UE, les États-Unis, le Royaume-Uni, le Canada et l'Australie, reçoivent un visa gratuit de 30 jours (une seule entrée) à leur arrivée à Dubaï.
- Les voyageurs (y compris en transit) des pays non concernés doivent obtenir, avant l'arrivée, un visa de visiteur via une invitation fournie par un hôtel à Dubaï, une agence de voyages, un ami ou membre de la famille résidant à Dubaï, par exemple.
- Les conditions d'arrivée aux Émirats arabes unis évoluent constamment : avant de partir, renseignez-vous impérativement auprès de l'ambassade des Émirats dans votre pays.

Heures d'ouverture

Restaurants 12h-15h et 19h30-24h.

Malls et centres commerciaux 10h-22h dim-mer, 10h-24h jeu-sam.

Souks 9h-13h et 16h-21h sam-jeu, 16h-21h ven.

Homosexualité

- Les relations homosexuelles sont illégales en vertu de la loi émiratie et peuvent impliquer des amendes et des peines de prison.
- Si vous voyez des hommes émiratis marcher main dans la main, il faut y voir une marque d'amitié et nom le signe d'une orientation sexuelle.
- Les démonstrations d'affection en public

Jours fériés liés aux fêtes musulmanes

ANNÉE DE L'HÉGIRE	RAMADAN	AÏD AL-FITR	AÏD AL-ADHA
1436 (2018)	16 mai	14 juin	21 août
1437 (2019)	6 mai	4 juin	11 août
1438 (2020)	24 avril	23 mai	30 juil
1439 (2021)	13 avril	13 mai	20 juil

sont taboues quelle que soit l'orientation sexuelle.

- Partager une chambre sera sans doute interprété comme un signe d'amitié ou un moyen de réduire les frais, mais restez discret sur la véritable nature de votre relation.

Offices du tourisme

Le **Dubai Department of Tourism & Commerce Marketing** (☎600 555 559 ; www.visitdubai.com ; ⏰8h-20h sam-jeu) ne dispose pas de véritables locaux, mais se rattrape avec un site Internet très complet et un centre d'appels pour tout renseignement concernant les hôtels, sites touristiques, boutiques et autres.

Sécurité

- L'usage de drogues illégales est un crime à Dubaï. N'y pensez même pas.
- La tolérance zéro s'applique pour l'alcool au volant.
- L'importation de certains médicaments est interdite à moins de présenter une ordonnance originale et une lettre de votre médecin confirmant la nécessité du traitement.

En cas d'accident, même mineur, vous devez appeler la police (☎999) et attendre sur les lieux. Si celui-ci est sans gravité, déplacez votre voiture sur le bas-côté. Vous ne pouvez pas remplir de déclaration de sinistre sans un rapport de police.

Dubaï est une ville sûre pour les femmes. Vous pouvez prendre le taxi et vous promener seule. Une tenue décente est conseillée, mais il n'est pas nécessaire de se couvrir la tête.

Le golfe Persique peut sembler paisible, mais les courants d'arrachement sont parfois très forts et des noyades se produisent régulièrement.

Toilettes

- Vous trouverez des toilettes publiques à l'occidentale, gratuites et généralement propres, dans les centres commerciaux, les musées, les restaurants et les hôtels.
- Le tuyau à côté des toilettes est utilisé pour se nettoyer (uniquement avec la main gauche si vous souhaitez imiter les habitants) ; le papier toilette sert seulement à se sécher et doit être jeté dans la poubelle pour éviter de boucher les canalisations.

Astuces pour un séjour pas cher

- Lorsqu'ils ne sont pas gratuits, la plupart des musées et des galeries d'art ne coûtent que quelques dirhams.
- Découvrir la Dubai Fountain, les souks et les bords du Creek se fait sans bourse délier.
- Les *happy hours* et les *Ladies' Nights* (soirées réservées aux femmes) sont l'occasion de réductions sur les boissons et les en-cas.
- Empruntez le métro de Dubaï pour les longues distances et prenez un taxi pour atteindre votre destination finale depuis la station la plus proche.
- Pour vous restaurer à petits prix, tablez sur les curries, kebabs, *chawarma*, samoussas, *dosas* (galettes indiennes), *momos* (raviolis tibétains vapeur) et autres délices exotiques rapportés par les expatriés dubaïotes.
- Admirer de magnifiques pur-sang ou les "vaisseaux du désert" lors des courses de chevaux ou de dromadaires, très prisées : l'entrée y est libre.
- Si vous supportez la chaleur, partez en juillet-août : les prix des hôtels sont au plus bas.

Voyageurs handicapés

- La plupart des édifices sont accessibles aux fauteuils roulants, mais les trottoirs abaissés sont encore rares et quasi inexistants à Bur Dubai et Deira.
- Les stations du métro de Dubaï sont dotées d'ascenseur et de bandes de guidage pour les personnes malvoyantes ; toutes les rames disposent d'un espace pour les fauteuils roulants.
- Les chaînes internationales et les hôtels haut de gamme sont équipés de portes très larges et de toilettes et salles de bains adaptées.
- Les centres commerciaux sont accessibles aux fauteuils, tout comme la plupart des bars et restaurants.
- Sur certaines plages, dont Kite Beach et Sunset Beach, un chemin de planches est aménagé sur le sable jusqu'au bord de l'eau.

Langue

L'arabe est la langue officielle des Émirats, mais une grande partie de la population comprend l'anglais. Il existe d'énormes différences entre l'arabe classique (langue du Coran et de la poésie ancienne), l'arabe standard moderne – *lingua franca* du monde arabophone, employée à l'école, dans l'Administration et les médias – et l'arabe dialectal, parlé tous les jours. Celui des Émirats (présenté dans ce chapitre) est l'arabe du Golfe.

À noter : *gh* est un son proche du "r" de parisien ; le *r* est roulé ; *dh* évoque le "th" anglais de *that* (comme un "z" prononcé avec la langue entre les dents) ; *th* est proche du "th" dur anglais de *thing* (sorte de "s" prononcé avec la langue entre les dents) ; *ch* se dit comme dans "chat" en français ; et *kh* correspond à la *jota* espagnole ou au "ch" allemand de Bach. L'apostrophe (') indique un coup de glotte (semblable à la fermeture du larynx avant de dire "Oh-oh !") ou la lettre "*ayn*", qui sonne un peu comme un étranglement. Distinguez bien "H" (comme un souffle chaud) de "h" (aspiré). En conservant ces points en tête en lisant notre transcription, vous devriez parvenir à vous faire comprendre.

Les syllabes accentuées sont en italique. Les lettres (m) et (f) signalent les formes masculines et féminines.

Les bases

Bonjour.
اهلا وسهلا. — *ah*·lan wa *sah*·lan

Au revoir.
مع السلامة. — *ma'* as-sa·*laa*·ma

Oui/non.
نعم./لا. — na·*'am*/la

S'il vous plaît.
من فضلك. — min *fad*·lak (m)
من فضلِك. — min *fad*·lik (f)

Merci.
شكران. — *chouk*·ran

Excusez-moi.
اسمح لي. — is·*maH* li (m)
اسمحي لي. — is·*ma*·Hi li (f)

Pardon.
مع الاسف. — *ma'* al·*as*·af

Parlez-vous anglais ?
تتكلم / تتكلمي — tit·*kal*·lam / tit·*kal*·la·mi
انجليزية؟ — in·gli·*zi*·ya (m/f)

Je ne comprends pas.
مو فاهم. — mou *faa*·him

Se restaurer

J'aimerais (le/la)... , s'il vous plaît.
عطني/عطيني الـ... — *'a*·ti·ni/ *'a*·tii·ni al...
من فضلك. — min *fad*·lak/lik (m/f)

addition قائمة — *kaa*·'i·ma

carte des boissons
قاى — *kaa*'i·mat
المشروبات — il·mash·rou·*baat*

carte قائمة — *kaa*·'i·mat
الطعام — it·ta'*aam*

ce plat الطبق — it·*tab*·ak
هاذاك — *haa*·dhaa·ka

Que conseillez-vous ?

اش تنصح؟	*aash tan·saH* (m)
اش تنصحي؟	*aash tan·sa·Hi* (f)

Avez-vous des plats végétariens ?

عندك طعم	*'an·dak ta·'am*
نباتي؟	*na·baa·ti*

Shopping

Je cherche...

مدور على ...	*mou·daw·ir 'a·la...* (m)
مدورة على ...	*mou·daw·i·ra 'a·la...* (f)

Puis-je regarder ?

ممكن اشوف؟	*moum·kin a·shoof*

Combien ça coûte ?

بكم؟	*bi·kam*

C'est trop cher.

غالي جدا.	*ghaa·li jid·dan*

Quel est votre dernier prix ?

اش السعر الاخر؟	*aash is·si'r il·aa·khir*

En avez-vous d'autres ?

عندَك اخرين؟	*'and·ak akh·rin* (m)
عندِك اخرين؟	*'and·ik akh·rin* (f)

Urgences

Au secours !

مساعد!	*mou·saa·'id* (m)
مساعدة!	*mou·saa·'id·a* (f)

Appelez un médecin !

تصل/تصلي	*ti·sil/ti·si·li* (m/f)
على طبيب!	*'a·la ta·bib*

Appelez la police !

تصل/تصلي	*ti·sil/ti·si·li* (m/f)
على الشرطة!	*'a·la i·shur·ta* (m/f)

Je suis perdu(e).

انا ضعت.	*a·na da'it*

Je suis malade.

انا مريض.	*a·na ma·rid* (m)
انا مريضة.	*a·na ma·ri·da* (f)

Où sont les toilettes ?

وين المرحاض؟ *wayn il·mir·Haad*

Jours et nombres

Quelle heure est-il ?/À quelle heure ?

الساعة كم؟	*is·saa·'a kam*

Il est/À (deux) heures.

الساعة (ثنتين).	*is·saa·'a (thin·tayn)*

hier...	البارح...	*il·baa·riH...*
demain...	باكر...	*baa·kir...*
matin	صباح	*sa·baaH*
après-midi	بعد الظهر	*ba'd a·thuhr*
soir	مساء	*ma·saa*

1	١	واحد	*waa·Hid*
2	٢	اثنين	*ith·nayn*
3	٣	ثلاثة	*tha·laa·tha*
4	٤	اربع	*ar·ba'*
5	٥	خمسة	*kham·sa*
6	٦	ستة	*sit·ta*
7	٧	سبعة	*sa·ba'*
8	٨	ثمانية	*tha·maan·ya*
9	٩	تسعة	*tis·'a*
10	١٠	عشرة	*'ash·ar·a*
100	١٠٠	مية	*mi·ya*
1 000	١٠٠٠	الف	*alf*

Pour aller plus loin

Indispensable pour mieux communiquer sur place : le *Middle East phrasebook & dictionary* de Lonely Planet (en anglais uniquement). Inclus : un minidictionaire bilingue.

Transports et directions

Où se trouve le/la... ?
من وين ...؟
min wayn...

Quelle est l'adresse ?
ما العنوان؟
ma il·'on·waan

Pouvez-vous me montrer (sur le plan) ?
لو سمحت *law sa·maHt*
وريني *wa·ri·ni*
(علخريطة)؟ *('al·kha·ri·ta)*

À quelle distance c'est ?
كم بعيد؟ *kam ba·'id*

Pouvez-vous, s'il vous plaît, me conduire à (cette adresse).
من فضلك خذني *min fad·lak khodh·ni*
(علعنوان هاذا). *('al·'on·waan haa·dha)*

Arrêtez-moi ici, s'il vous plaît.
لو سمحت *law sa·maHt*
وقف هنا. *wa·gif hi·na*

À quelle heure est le bus ?
الساعة كم *as·saa·'a kam*
الباص؟ *il·baas*

Quelle/quel est cette gare/arrêt ?
ما هي *maa hi·ya*
المحطة هاذي؟ *il·ma·Hat·ta haa·dhi*

Index

Voir aussi les index des rubriques :
Se restaurer p. 159
Prendre un verre p. 160
Sortir p. 160
Shopping p. 161

Références des **sites**
Références des **plans**

Références des **sites**
Références des **plans**

PRENDRE UN VERRE

SORTIR

Références des **sites**
Références des **plans**

SHOPPING

Notes

Notes

En coulisses

Vos réactions ?

Vos commentaires nous sont très précieux pour améliorer nos guides. Notre équipe lit vos lettres avec la plus grande attention et prend en compte vos remarques pour les prochaines mises à jour. Pour nous faire part de vos réactions, prendre connaissance de notre catalogue et vous abonner à notre newsletter, consultez notre site Internet : **lonelyplanet.fr**

Nous reprenons parfois des extraits de notre courrier pour les publier dans nos guides ou sites web. Si vous ne souhaitez pas que vos commentaires soient repris ou que votre nom apparaisse, merci de nous le préciser. Notre politique en matière de confidentialité est disponible sur notre site Internet.

Un mot des auteurs

Andrea Schulte-Peevers

Un chaleureux merci à toutes les merveilleuses personnes qui m'ont si gentiment et généreusement donné des conseils, informations et idées. Mes recherches à Dubaï n'en ont été que plus agréables et efficaces ! Je remercie entre autres : Rashi, Abhi et Mia Sen, Arva Ahmed, Regine Schneider, Patricia Liebscher, Christian Sanger, Dara Toulch, Janeen Mansour, Paul Matthews, Dominic Ritzer, Sameer Dasouqi, Julia Alvaro et Katie Roberts.

Kevin Raub

Merci à mon épouse, Adriana Schmidt Raub, qui m'a rejoint pour quelques jours et qui, contre toute attente, est tombée sous le charme d'Abu Dhabi ! Je remercie Lauren Keith, Andrea Schulte-Peevers et tout le monde au bureau Lonely Planet. Sur la route, merci à Rauda Al Falasi, Alya Al Nuaimi, Paul Oliver, Paula Carreiro, Amer Ghussein, Monique Safayan, Rianne Norbart, Ayan Alieva, Arianna Posenato, Saeed Suleiman, Sam Ioannidis et Hamad Ghanem Shaheen AlGhanem.

Crédits photographiques

Photo de couverture : Vue sur le Burj Khalifa depuis la promenade du front de mer, Massimo Borchi/4Corners ©

Photographes p. 26-27 (de gauche à droite) : Seqoya; Tasfotonl ; Fedor Selivanov/Shutterstock ©

À propos de cet ouvrage

Cette 4e édition française de *Dubaï en quelques jours* est une traduction-adaptation de la 5e édition de *Pocket Dubai*, commandée par le bureau de Melbourne et écrite par Andrea Schulte-Peevers et Kevin Raub.

Traduction
Giuseppe Ardiri, Jeanne Robert

Direction éditoriale
Didier Férat

Coordination éditoriale
Paul Liacopoulos

Responsable prépresse
Jean-Noël Doan

Maquette
Gudrun Fricke

Cartographie
Cartes originales adaptées en français par Eduardo Yanes-Blanch

Couverture Adaptée en français par Laure Wilmot

Merci à Dominique Fritsch pour sa relecture, à Basile Mariton pour la préparation du texte et à toute l'équipe de Paris. Merci également à Glenn van der Knijff, Jacquie Saunders et Brad Smith du bureau de Melbourne ainsi qu'à Clare Mercer, Joe Revill, Imogen Harrison, Luan Angel et Becky Henderson du bureau de Londres.

Les auteurs

Andrea Schulte-Peevers

Andrea Schulte-Peevers est née et a grandi en Allemagne. Ses voyages dans 75 pays lui ont fait parcourir l'équivalent d'un aller-retour de la Terre à la Lune. Auteur de voyages professionnelle depuis plus de vingt ans, elle a contribué à près de 100 guides Lonely Planet ainsi qu'à des journaux, magazines et sites Internet partout dans le monde. Elle travaille aussi comme consultante, traductrice et éditrice. Pour suivre Andrea sur Twitter : @ASchultePeevers.

Kevin Raub

Né à Atlanta, Kevin Raub a commencé sa carrière comme journaliste musical à New-York, avant de devenir auteur de voyages. Il a rédigé près de 50 guides Lonely Planet, avec une prédilection pour le Brésil, le Chili, la Colombie, les États-Unis, l'Inde, les Caraïbes et le Portugal. Raub contribue également à divers magazines de voyages aux États-Unis et au Royaume-Uni. Pour le suivre sur Twitter et Instagram : @RaubOnTheRoad.

Dubaï en quelques jours
4e édition
Traduit et adapté de l'ouvrage *Pocket Dubai, 5th edition, December 2018*

Dépôt légal Novembre 2018
ISBN 978-2-81617-151-8
Imprimé par L.E.G.O. Spa (Legatoria Editoriale Giovanni Olivotto), Italie

En Voyage Éditions | un département édi8